바빌론 부자들의
돈 버는 비법

조지 S. 클라손 지음

편집부 엮음

예감

The Richest Man in Babylon

멀리 뻗은 길처럼 우리 앞에는 미래가 놓여 있습니다.
그 길을 따라 우리가 성취하고 싶은 꿈,
우리가 이루고 싶은 희망이 있습니다.
꿈과 희망을 실현시키려면 경제적으로 성공해야 합니다.
다음 글들에 나오는 경제 원칙들을 활용하십시오.
얄팍한 지갑의 절박함을 떨쳐 버리고
두툼한 지갑을 가능하게 해주는
보다 알차고 행복한 생활로 이끌어 보십시오.
중력의 법칙처럼 그것들은 보편적이고 변함이 없습니다.
이것들이 그동안 많은 사람들에게 그래 왔듯이
여러분들에게도 두툼한 지갑,
많은 계좌와 만족한 경제적
성장의 확실한 열쇠가 되기를 바랍니다.

머리말

이 책은 우리 개개인의 성공을 다루고 있습니다. 성공은 우리의 능력과 노력의 결과로 이루어지는 업적을 뜻합니다. 알맞은 준비가 성공의 열쇠입니다. 또한 행동에 앞서 생각이 있어야 합니다. 생각 이전에 이해가 되어야 합니다.

얄팍한 지갑을 위한 이 치료책은 경제적인 이해를 돕고자 하는 데 있습니다. 경제적으로 성공하겠다는 꿈을 지닌 사람에게 돈을 벌고, 돈을 간직하고, 보다 더 돈을 늘리는 데 도움이 되는 안목을 주자는 데 이 책을 쓴 목적이 있습니다.

처음 읽은 독자들에게는 이 책에서 여러분이 예금 관리, 보다 큰 경제적 성공 혹은 구석구석에서 호소하는 개인 경제 문제의 해결 등을 얻었으면 하는 것이 필자의 간절한 소망입니다.

이 책에서 우리는 바빌론에서 일어난 이야기로 돌아가는데, 바빌론이야말로 지금 널리 인정되고 활용되고 있는 기본 경제 원칙이 생겨난 요람입니다. 바빌론은 고대 세계에서는 가장 부유한 도시였습니다. 그들은 돈의 가치를 알았습니다. 돈을 벌고, 간직하고, 더 많은 돈을 끌어들이는 건전한 경제 원칙들을 실천했습니다. 그들은 우리 모두가 바라는 즉, 미래를 위한 수입까지 마련해 둘 줄 알았습니다.

이 귀한 원칙들을 잘 활용해 중요한 성공을 거둠으로써 이 가르침을 인정하는 사람보다 더 큰 지지는 없습니다. 이 얘기들을 친구, 친지, 동료 직원, 그리고 아는 사람들에게 널리 나누어 읽도록 해주시면 감사하겠습니다.

차례

"돈은 세속적인 성공을 재는 단위이다."

"돈은 세상이 주는 최고의 즐거움을 안겨준다."

"돈은 그것을 지배하는 간단한 법칙을
이해하는 사람에게만 무한정이다."

"돈은 6천 년 전 잘사는 사람들이
바빌론 거리를 누빌 때 지배하던
같은 법칙에 의해 오늘날도 지배된다."

part. 1

돈을 원하는 사람들

바빌론의 마차 제조업자 반실은 풀이 푹 죽어 있었습니다. 그의 주거지를 둘러싼 낮은 벽 위의 자리에서 그는 슬픈 눈으로 초라한 자신의 집과 아직 다 완성하지 못한 마차 한 대가 서 있는 자신의 야외 작업장을 바라보았습니다.

열린 문 앞에 아내의 모습이 자주 나타났습니다. 이쪽을 훔쳐 보는 듯한 아내의 시선은 식량 자루가 비었음을 얘기하고 있었고, 그는 두드리고, 자르고, 닦고, 칠하고, 바퀴 테 위에 가죽을 팽팽히 씌워 마차를 부자 고객한테 돈을 받을 수 있도록 끌고 갈

만반의 준비를 해야 했습니다.

그런데도 그의 탄탄하고 비대한 몸은 침묵을 지키며 담 위에 앉아 있었습니다. 게으른 마음속에는 해답을 알 수 없는 어떤 문제가 끈질기게 그를 괴롭히고 있었습니다.

뜨거운 열대의 태양은 이 유프라테스 계곡에서는 아주 전형적인 것으로, 무자비하게 내리쪼였습니다. 구슬 같은 땀이 이마로부터 흘러내려 가슴속까지 흠뻑 적셨습니다.

집 뒤로는 궁전을 둘러싼 높은 성벽이 우뚝 솟아 있었습니다. 그 옆에는 벨 성전의 색칠된 탑이 푸른 하늘을 가르고 있었습니다. 이 웅장한 성벽 그늘 속에 그의 초라한 집과 그보다도 더 추하고 내팽개쳐진 많은 집들이 있었습니다.

바빌론은 이렇게 시(市)의 보호벽 안에 아무 계획이나 질서 없이 화려함과 초라함, 눈부신 부(富)와 지독한 가난이 혼재하여 있는 도시였습니다. 뒤에는 그가 고개를 돌리기만 해도 부자들의 시끄러운 마차 소리와 길가에는 가죽신을 신은 상인과 맨발의 거지들로 붐비는 광경을 듣고, 보고 할 수 있습니다.

부자들마저도 왕의 심부름으로 궁전 정원에 부을 물을 뜨러 무거운 염소 가죽 물통을 하나씩 지고 가는 물 지는 노예들의 긴 행렬 때문에 빈민굴 안으로 길을 피해 주어야 했습니다.

반실은 자기 문제에 몰두한 나머지 시끄러운 도시의 복잡한 소음들이 들리지도, 거기에 신경 쓸 여유도 없었습니다. 그를 망상에서 깨운 것은 뜻하지 않게 귀에 익은 수금(堅琴) 소리였습니다. 반실은 고개를 돌려 그의 가장 친한 친구, 음악가 코비의 민감하고 미소 짓는 얼굴을 쳐다보았습니다.

코비는 정중한 인사로 말을 꺼냈습니다.

"하나님께서 나의 좋은 친구에게 자유의 큰 복을 주시길 바라옵니다. 그러나 신들께서는 이미 그대가 일을 안 해도 되는 걸 보니 관대함을 베풀어 주신 듯싶사옵니다. 나는 그대의 이 행운을 그대와 함께 기뻐하는 바입니다. 아니, 함께 나누었으면 합니다. 바쁘지만 않으면 저 가게에 가서 두툼한 그 지갑에서 딱 동전 두 닢만 꺼내어 오늘 밤 귀족들과 잔치 후까지 내게 빌려주소서. 그들이 돌아 간 후에 그것을 돌려 드리리다."

반실은 슬픈 눈으로 이렇게 대답했습니다.

"내게 두 닢이 있다면, 나는 아무에게도, 내 가장 친한 친구인 자네에게도 빌려주지 않을 거네. 그건 내 재산, 내 전 재산이니까. 자기의 전 재산을 아무리 친한 친구라 해도 빌려줄 사람은 없을 거네."

코비는 진짜 놀라며 이렇게 소리쳤습니다.

"뭐라구? 그래, 지갑에 돈 한 푼 없으면서 이렇게 담 위에 동상같이 앉아만 있단 말인가? 왜 저 마차 작업을 어서 끝내지 않고? 그러지 않고 어떻게 달리 입을 채우려고? 여보게, 전혀 자네답지 않네. 자네의 그 지칠 줄 모르는 힘은 다 어디 갔나? 무슨 걱정이라도 있나? 신들께서 자네에게 무슨 문젯거리를 안겨다 주었나?"

반실은 고개를 끄덕이며 말했습니다.

"신들이 준 고민은 고민이지. 꿈, 덧없는 꿈 때문이었어. 그 꿈 속에서 나는 부자였다네. 내 허리춤에는 동전이 가득 든 멋진 지갑이 걸려 있었어. 그 동전들을 나는 아무 생각 없이 마음대로 거지들에게 던져 주었어. 아내에게 보석을 사주고, 나도 마음대로 사고 싶은 대로 살 은화가 많았어.

그 은화를 마음대로 써도 앞날을 걱정할 이유가 없었어. 금화가 또 있으니까. 그러나 나는 그렇게 만족할 수가 없었다네. 지금 이렇게 지독하게 열심히 일하는 나의 모습을 자네도 생각 못했을 거야. 우리 집사람도 아무도 못 알아봤을 걸세. 얼굴엔 주름살 하나 없이 행복에 넘치는 환한 모습이었으니까. 우리 신혼 때처럼 늘 웃는 모습이었지."

"정말 기분 좋은 꿈이었구만?"

"그런데 그렇게 기분이 좋은데, 왜 갑자기 담 위에 이렇게 동상처럼 슬픈 표정을 하고 있나?"

"왜 아니겠나! 잠을 깨고 나서 나의 지갑이 비었다는 생각이 들자 일종의 배신감 같은 것이 치솟아 오르더란 말이야. 우리 함께 얘기해 보세. 자네와 난 뱃사람들이 얘기하듯 같은 배를 탄 동지니까. 우리 둘 다 어릴 때 우리는 지혜를 배우러 같이 제사장들 앞에 나갔었지. 젊었을 때는 서로의 기쁨을 같이 나누었지. 어른이 되어서는 언제나 가까운 친구였고, 우린 만족하며 살았지. 오랜 시간 일하고 우리의 번 돈을 마음대로 쓰며 만족했지. 과거에는 돈도 많이 벌었지. 그러나 부자의 기쁨을 알려면 아직도 꿈이나 꾸어야 하지.

아! 우리는 벙어리 양(羊)이 아니고 뭔가? 우리는 세상에서 가장 부자인 나라에서 살고 있네. 여행자들은 우리처럼 부(富)를 얘기하지 못하네. 우리 주위에는 부가 넘쳐나지만, 그런데도 우리 자신들은 가진 것이라곤 아무것도 없네.

반평생을 죽도록 일한 후에도 내 가장 친한 친구 자네는 빈 지갑만 가지고 나한테 '오늘 밤 귀족들의 잔치 후까지 단 두 닢만 꾸어주겠나?' 하고 말하네. 그런 말을 들은 나는 그러면 뭐라고 대답하나?

나는 '여기 내 지갑이 있네. 이 속에 든 것을 주면 되나?' 하고 말하겠나? 아닐세, 나도 자네처럼 내 지갑이 비었다고 솔직히 털어놓네. 이게 뭔가? 왜 우리는 먹고 입는 것 이상의 금과 은을 얻을 수 없나?"

반실은 계속해서 말했습니다.

"또 생각해 보게, 우리의 아들들도 아비들의 뒤를 따르지 않겠나? 그들도, 그들의 가족도, 그리고 그들의 아들들도 황금의 보고 속에 흥청거리고 살면서도, 우리처럼 산 염소젖과 죽으로 벌이는 잔치에 만족해야 되지 않나?"

"자넨 지금껏 우리가 사귀어 왔지만, 이런 말을 한 적은 한 번도 없었네, 반실!"

코비는 알 수 없다는 표정을 지었습니다.

"지금까지 나도 이런 생각을 해본 적이 없네. 새벽 동틀 때부터 어두워 일을 못할 때까지 난 누구보다도 좋은 마차를 만들려고 애썼고, 착한 마음으로 언젠가는 신들께서 내 이 값있는 노력을 인정해 주시고, 내게 큰 재물을 내려 주시리라 믿었네. 그런데 신들은 한 번도 그런 적이 없어. 그리고 앞으로도 그런 일이 없을 것을 깨달았네. 그런 까닭에 내 마음은 슬프다네.

난 부자가 되고 싶네. 내 땅과 소를 갖고 싶고, 좋은 옷을 입고 싶고, 내 지갑을 동전으로 가득 채우고 싶네. 나는 이런 것들을 위해서 내 있는 힘을 다해, 내 손에 있는 기술을 다해, 내 마음의 있는 꾀를 다해 기꺼이 일할 것이네. 그러나 나는 내 노력에 정당한 대가가 있기를 바라네.

그런데 우린 이게 뭔가? 다시 한번 자네에게 묻겠네. 우리는 왜 금을 가지고 사고 싶은 것을 마음대로 사는 사람들만큼은 못 되어도, 우리 몫만큼도 갖지 못하는가?"

코비가 물었습니다.

"내가 그 답을 어찌 아나?"

"나도 자네만큼 불만이 있네. 수금을 타서 버는 돈은 금방 없어지네. 어떤 땐 내 식구들이 굶지 않도록 계획을 세우고 방도를 강구해야 되네. 또 마음속으로는 정말 내 심금을 울리는 아름다운 음악을 연주할 수 있도록 큰 수금이 있었으면 하는 바람도 있네. 그런 악기만 있으면 임금께서도 일찍이 들어본 적이 없는 그런 음악을 연주할 텐데."

"자네야말로 그런 수금을 가져야 해. 바빌론에서는 자네보다 더 아름다운 음악을 연주할 수 있는 사람은 없지. 왕뿐만 아니라 신들께서도 기뻐하실 그런 음악을. 그러나 우리 둘 다 임금님의 노예들만큼이나 가난한데, 자네가 그런 걸 가질 수 있겠나? 저 종소리를 들어봐. 그들이 오는군."

그는 강에서 올라오는 좁은 길을 힘들게 터벅터벅 걸어오는, 반 알몸으로 땀에 흠뻑 젖은 물지게꾼들의 긴 행렬을 가리켰습니다. 다섯 줄로 그들은 무거운 물통을 하나씩 진 채 행군해 오고 있었습니다.

코비는 아무것도 지지 않고 종만 들고 맨 앞에 행군하는 자를 가리키며, "맨 앞에 행렬을 이끄는 사람은 아주 훌륭한 사람이지. 자기 나라에서는 유명한 사람인데. 쉽게 보는군." 하고 말했습니다.

행렬 가운데도 훌륭한 사람들이 많다고 반실이 같은 의견을 보였습니다.

"우리처럼 착한 사람들이지. 북방에서 온 키 크고 금발의 사람들, 남방에서 온 잘 웃는 흑인들, 그보다 더 가까운 나라에서 온 작은 갈색 사람들. 모두가 날이면 날마다, 달이면 달마다 강에서 정원까지 저렇게 행군으로 왔다 갔다 하는군. 아무런 행복에 대한 추구도 없이. 잠자리라곤 짚더미밖에 없고, 먹을 거라곤 억센 밀죽 뿐이지. 코비, 저 불쌍한 사람들을 어쩌면 좋겠나!"

"나도 불쌍한 생각이 든다네. 그러나 그렇다고 자유인이라고 하는 우리는 조금이나 더 나을 게 무엇인가 하는 생각이 드네."

"기분 나쁜 소리이긴 하지만 그건 사실이네, 코비. 노예처럼 매일매일 일만하고 살고 싶진 않네. 매일매일 일, 일, 일! 그러면서 아무것도 얻는 것은 없고."

다른 사람들이 어떻게 금을 얻는지 알 수 있을지, 코비가 물었습니다.

반실은 생각에 잠기며, 우리가 그걸 아는 사람을 찾기만 하면 어떤 비결을 배울 수 있을 거라고 대답했습니다.

"오늘, 우리들의 옛 친구 아카드가 금마차를 타고 지나가는 것을 보았네. 그는 다른 사람들과는 달라. 거만하기는커녕 다른 사람들이 다 보도록 손을 흔들어 악사인 코비에게 다정한 미소로 인사를 하질 않겠나."

반실은 심사숙고하는 표정으로 말했습니다.

"그 사람이야말로 바빌론 전체에서 가장 부자지. 얼마나 부자인지 폐하께서도 금전 관리에 도움을 청하셨다잖아."

코비가 대답했습니다.

"정말 부자지."

반실이 말을 가로챘습니다.

"난 그 사람을 밤중에 만나면 그 지갑을 훔칠지도 몰라. 그게 겁나."

코비가 반대했습니다.

"에이, 사람의 부는 그 지갑에만 있는 것이 아냐. 그걸 채워주는 돈줄이 없다면 아무리 두툼한 지갑도 금방 비고 말아. 아카드에게는 아무리 돈을 마음대로 써도 항상 지갑을 채워주는 어떤 수입이 있어."

"수입, 그래 그거야." 반실이 갑자기 소리치며, "나도 내가 이 담 위에 앉아 있건 멀리 여행을 가건, 항상 지갑에 넘치는 어떤 수입선이 있었으면 좋겠어. 아카드는 어떻게 하면 그런 수입선을 마련해 둘 수 있는지 그 방법을 알 거야. 나같이 둔한 놈도 가르쳐 주면 알아들을 수 있을까?"

"자기 아들 노마시에게도 가르쳤다지." 코비가 대답했습니다. "그래서 그 아들도 니느웨로 가서 아버지의 도움 없이 여인숙을 운영해서 그 도시에서 큰 부자가 되었다지?"

"코비, 아주 좋은 생각이 하나 떠올랐어!" 반실의 눈이 광채를 발했습니다. "좋은 친구한테 좋은 충고를 얻는 데 돈이 들진 않아. 아카드가 항상 그랬어. 우리들의 지갑이 일 년 전 독수리 우리처럼 텅 비었더라도 걱정말게. 그런 걸로 낙심해서야. 우린 풍요 속의 가난이 지겨운 거야. 부자가 되고 싶은 거야. 그러니 우리 아카드에게 찾아가서 우리도 그런 수입을 마련할 길을 물어 보세."

"정말 좋은 말이야, 반실. 그러니까 한 가지 떠오르는 게 있군. 이제야 왜 우리가 전혀 부자가 될 방법을 알려고 하지 않았나 하는 생각이 드는군. 우리는 그 방법을 찾으려고 하질 않았어. 자넨 바빌론에서 제일가는 마차를 만들기 위해 열심히 노력했어. 그 일을 위해서는 최선을 아끼지 않았지. 그러므로 그 면에서는 자네가 성공했어. 나는 뛰어난 악사가 되려고 노력했지. 그리고 나도 그 면에는 성공했어.

우리가 혼신의 힘을 기울인 그 분야에서는 우리는 성공했어. 신들께서도 우리가 계속 그리하도록 해주시며 만족하시고. 그런데 지금 우리는 마침내 마치 아침 햇살과도 같은 밝은 빛을 한 줄기 보았어. 우리가 좀 더 잘살 수 있는 길을 모색해 보라는 거야. 새로운 마음으로 우리들의 소망을 성취할 좋은 방법들을 찾아보아야 할 것 같아."

"오늘 바로 아카드에게 가세." 반실이 재촉을 했습니다. "또 우리 어릴 적 친구로 우리나 별반 없이 궁색하게 살아가는 다른 친구들에게도 같이 가서 그의 지혜를 듣자고 하세."

"반실, 자네는 늘 이렇게 친구를 깊이 생각하지. 그래서 자넨 친구가 많아. 자네 말대로 하세. 오늘 가서 같이 데리고 가세."

part. 2

바빌론의 제일가는 부자

고대 바빌론에 아카드라는 매우 부자인 사나이가 살고 있었습니다. 그의 부(富)에 대한 명성은 파다했습니다. 그는 또 자유롭기로도 유명했습니다. 남을 돕는 일에도 관대했습니다. 가족들에게도 너그러웠고, 돈을 자유롭게 썼습니다. 그럼에도 그의 재산은 매년 쓰는 것보다 더 빨리 불어났습니다.

한번은 그의 젊었을 적 친구들이 찾아와 이렇게 물은 적이 있었습니다.

"아카드, 자네는 우리보다 운이 더 좋으이. 우린 먹고 사느라고 바쁜데 자넨 전 바빌론에서 제일가는 부자가 되었군. 자넨 최고의 장식품들을 걸치고 진기한 음식을 즐기는데, 우린 그저 우리 처자식들이 흉하지 않은 옷이나 입고, 여유 내에서 한껏 먹이면 그걸로 만족해야 하니.

그러나 옛날엔 우리도 다 똑같지 않았나? 같은 선생님께 배우고, 놀이도 같이 하고. 그렇다고 공부에서나 놀이에서 자네가 우리보다 특별히 나은 것도 없었지. 그리고 지금까지 우리보다 더 훌륭한 시민도 아니었네.

그리고 우리가 판단하는 내에서는 자네가 더 열심히 일한 것도, 혹은 꾸준히 일한 것도 아니었네. 그런데 왜 변덕스러운 운명은 자네를 택해서 인생의 온갖 좋은 것들을 다 즐기게 하면서, 똑같은 자격이 있는 우리는 무시한단 말인가?"

그러자 아카드는 이런 말로 그들을 나무랐습니다.

"우리의 젊은 시절 이후로 자네들이 겨우 먹고사는 것밖에는 벌어 놓은 것이 없다면, 그건 자네들이 부(富)의 탑을 다스리는 법칙을 배우지 못했거나, 아니면 지키지 않아서일 걸세.

'변덕스러운 운명'은 누구에게도 영원한 재물은 안겨주지 않는

심술궂은 여신이라네. 반면 자기가 불로소득의 재화를 가져다 준 사람에게는 재난을 내리지. 허랑방탕한 낭비가로 만들어 받은 재산을 다 날려 버리고, 결국은 걷잡을 수 없는, 그러면서도 만족시킬 능력도 없는 욕구와 욕망으로 시달리게 만들지. 그런가 하면 또 사랑하는 사람들은 구두쇠가 되고, 재산을 축적하며 자기가 채워 놓을 능력이 없는 것을 알므로 쓰는 것도 두려워하지. 게다가 강도에 대한 공포에 시달려 초라하고, 수전노의 생활을 할 수밖에 없지.

그런가 하면, 또 불로소득의 재화를 얻고 거기다 살을 붙여 계속 즐겁고 만족하게 살아가는 사람들이 있지. 그러나 이런 사람들은 극히 드물어. 소문으로 들리는 사람들이나 알지. 갑자기 부를 상속받은 사람들을 생각해 보게. 그렇지 않은가?"

그의 친구들은 그들이 아는 사람들 가운데 부를 상속받은 사람들에 대해서 이 말이 맞다고 시인을 했습니다. 그리고는 그에게 어떻게 그렇게 많은 재산을 모을 수 있었냐고 묻자 그는 이렇게 계속해서 말했습니다.

"젊었을 적 나는 주위를 돌아보며 행복과 만족을 가져다주는 갖가지 좋은 것들을 다 보았네. 그리고 부가 이런 것들의 가능성을 크게 해준다는 것을 깨달았지. 부는 힘이야. 돈이 있으면 많은 것이 가능하지. 집을 최고의 장식물로 장식할 수 있지. 먼 바다로 여행을 나갈 수도 있지. 먼 나라의 음식을 가져다 잔치를 할 수도 있지. 금 수공업자와 보석 세공업자의 장식물을 살 수도 있지.

신들을 모실 대사원도 지을 수 있지. 이 모든 것과 영혼에 만족과 감각에 기쁨을 가져다주는 그밖의 많은 일들을 다 할 수 있지.

아, 모든 것을 깨닫고 난 나는 인생에 있어 이 좋은 것들을 내 몫으로 주장하기로 나 자신에게 선언을 했어. 저만큼 떨어져서 다른 사람들이 즐기는 것을 구경하는 그 축에는 끼지 않기로 했지. 그럭저럭 괜찮은 값싼 옷이나 입는 것으로 만족하지 않기로 했네. 가난한 사람의 운명으로 만족하지 않기로 했네. 그 반대로 난 이 좋은 것들의 연회에 손님이 되기로 작정했지.

자네들도 아다시피 가난한 상인의 아들로 태어나 대가족이라 상속받을 것도 없고. 자네들도 아주 솔직하게 얘기하듯, 탁월한 머리나 능력을 타고난 것도 아니기 때문에, 난 내가 바라던 것을 이루기 위해서는 시간과 연구가 필요하다고 결정을 내렸지.

누구나 시간은 충분히 있지. 자네들, 자네들 모두가 부자가 될 수 있는 충분한 시간을 그냥 흘려보내고 있어. 그리고 솔직히 시인하는군. 착한 가족들밖에는 내보일 것이 없다고. 그야말로 자랑스러운 것이긴 하지만. 연구에 대해서는 우리들의 지혜로우신 스승께서 배움에는 두 가지가 있다고 가르치시지 않으셨나? 하나는 우리가 배우고 아는 것, 또 하나는 우리가 모르던 것을 알아낼 수 있는 방법을 익히는 것.

따라서 나는 어떻게 하면 재산을 모을 수 있는가를 알아내서 그 다음에 이것을 잘 실천하기로 결심을 했네. 화창한 햇빛이 비칠 때 있는 대로 그걸 다 즐기기만 하는 것은 현명한 일이 못 되지. 그것이 지나 어둠이 지면 슬픔이 우리에게 덮칠 테니까.

난 서기원에서 서기 일을 했지. 잠시 동안 진흙 판 위에서 고생을 했어. 날이면 날마다, 달이면 달마다 죽어라 일했지만 내가 번 돈은 남은 게 없었네. 음식, 옷, 신께 드리는 제물, 그리고 기억도 나지 않는 것 등. 내가 번 것을 다 뺏어가 버렸네. 그래도 내 결심은 흔들리지 않았어.

그러던 어느 날 돈놀이꾼인 알가미쉬가 성주의 집에 와서 제 9

계명을 한 판 떠 달라고 주문을 하면서 그는 내게 이렇게 말했네.

"이걸 이틀 내에 해주게. 그때까지 이게 다 되면 내가 두 닢을 주겠네."

그래서 나는 열심히 일했네. 하지만 그 계명은 아주 길어서 알가미쉬가 왔을 때까지도 다 완성되지 못했지. 그는 화를 냈어. 내가 만약 그의 노예 같았으면 매를 맞았을 걸세. 그러나 성주가 그렇게는 못하게 할 것을 알고 있었으므로 난 서슴치 않고 이렇게 말했어.

"알가미쉬, 당신은 매우 부자 아닙니까? 나도 어떻게 하면 그렇게 부자가 될 수 있는지 가르쳐주십시오. 그러면 오늘 밤새도록 새겨서 내일 아침까지는 완성해 드리겠습니다."

그는 나를 보고 웃으며 이렇게 대답했어.

"아주 여우구만. 하지만 이것도 흥정이니까."

그래서 나는 밤새도록 글을 새겼고, 등이 쑤시고 호롱불 심지 냄새에 머리가 아프고 눈도 잘 안 보일 정도였지만. 아무튼 아침에 그가 왔을 때는 판은 다 완성되었어.

"자, 약속대로 말씀해 주십시오." 난 이렇게 말했지.

"자네가 흥정에서 약속대로 했으니 나도 약속대로 할 차례이구만. 자네가 알고 싶어하는 것을 알려주지. 난 이제 늙고 늙은이의 혀는 지껄이기를 좋아하니까. 청년이 충고를 얻으러 나이 먹은 사람에게 오면 수십 년의 지혜를 얻지. 그러나 젊은이들은 늙은이들이 아는 지혜란 이미 낡은 것이고, 따라서 아무 쓸모없는 것이라는 생각들을 하기 쉽지. 그러나 왜 이걸 모르나. 오늘 비치는 해는 내 아버지가 태어났을 때도 비치던 해였고, 내 손자가 어둠 속으로 사라질 때도 비칠 해라는 것을.

그는 이렇게 계속해서 말했다.

"청년의 생각은 이따금 하늘을 환히 밝혔다 사라지는 유성 같은 밝은 빛이야. 그러나 노년의 지혜는 고정된 별 같아서 항상 비치므로 뱃사람들이 이것을 의지해서 항로를 잡을 수 있지. 말을 잘 듣게. 안 그랬다간 내가 지금 말하는 의미의 깊은 뜻을 모를테니까. 그럼 어젯밤 공이 다 헛수고로 돌아가는 거네."

그리고는 그 덥수룩한 눈썹 밑의 눈으로 날카롭게 나를 쳐다보며 낮으면서도 힘 있는 목소리로 말했어.

"내가 부자가 되는 길을 알아낸 것은 내가 번 수입의 일부는 절대 내 것이다라고 결정을 내리고서부터일세. 자네도 마찬가지겠지."

그리고는 쏘아 보듯이 나를 뚫어지게 쳐다보고는 더이상 아무 말도 하지 않았네.

"그게 전부입니까?" 내가 물었지.

"그거면 양치기의 마음에서 돈놀이꾼의 마음으로 바꾸기에 충분해."

"하지만 제가 번 것은 몽땅 절대 제 것이 아닙니까?"

"절대 그렇지 않아."

"자네의 양복업자에게 돈을 지불하지 않나? 신발 장수에게도 돈을 주지 않나? 먹는 값도 지불하지 않나? 돈을 쓰지 않고 바빌론에서 살 수 있나? 지난 달에 번 것 중에 보여줄 게 뭐 있나? 작년에 번 것 중에는? 바보! 자넨, 자네 자신만 빼고는 다 돈을 지불했어. 어리석은 자, 자넨 남을 위해서 사는 거야. 차라리 노예가 되어서 주인이 먹을 것과 입을 것을 주는 대가로 일하는 게 낫지. 만약 자네가 번 총 수입의 10분의 1을 자네를 위해 저축한다면 얼마나 가질 수 있겠나?"

나의 수치 개념은 나를 버리지 않아서 나는 이렇게 대답했지.

"1년에 버는 것만큼."

"그 말은 반만 맞았네. 자네가 저축하는 돈 하나하나는 모두 자네를 위해 일할 노예야. 그리고 그것이 벌어들이는 동전들도 모두 자네를 위해 돈 벌어줄 그것의 자식들이지. 자네가 부자가 되려면 자네가 저축한 것을 벌어야 하고, 그 자식들이 벌어야 하고, 모든 것이 자네가 바라는 만큼 거두어들일 수 있도록 도와야 하지.

자넨 어제 밤 괜히 헛수고 했다고 생각할지도 모르네. 그러나 내가 말한 진리를 터득할 머리만 있다면 그 값의 천 배는 되지.

자네가 버는 것의 일부는 절대적으로 자네 것일세. 아무리 수입이 적더라도 10분의 1 이하여서는 안 되네. 여유가 있는 데까지 많을수록 좋겠지. 우선 나한테 먼저 돈을 치르는 게 수지. 나머지 것으로 사고, 그리고는 음식과 자선과 신께 드릴 재물에 쓸 여유가 있는 이상으로 옷이나 신발장사에게 돈을 치르지 않도록 해야 하네.

재산은 나무와 같아서 작은 씨 하나에서부터 출발하지. 처음 저축한 동전 한 닢이 재산이라는 나의 나무가 자랄 수 있는 씨지. 그 씨는 빨리 심으면 심을수록 나무는 빨리 자라네. 그리고 꾸준히 저축함으로써 나무에 충실히 영양과 물을 많이 공급하면 공급할수록 더 빨리 그 그늘에서 쉴 수 있을 걸세."

그렇게 말하고는 그는 판을 들고 가버렸어.

나는 그가 내게 한 말을 많이 생각했어. 그럴 것 같더군. 그래서 한번 해보겠다고 결심을 했지. 돈을 받을 때마다 나는 열 냥마다 한 냥씩을 떼어서 감추었어. 그런데 이상하게도 전보다 돈이 더 모자라거나 하지 않았네. 그걸로 사는데도 별 차이가 없었어. 하지만 가끔 유혹이 없진 않았지. 모은 돈이 늘어나면서 그걸로 장사꾼들이 낙타나 배로 멀리 페니키아에서 가져온 좋은 물건들을 사고 싶기도 했지. 하지만 나는 잘 참았지.

열두 달째에 알가미쉬가 다시 찾아와서 내게 말했지.

"그래 젊은이, 작년 한 해 동안 번 수입의 10분의 1 이상을 자신에게 먼저 주었나?"

나는 자랑스레 대답했지. "네, 선생님. 그랬습니다."

그는 눈을 반짝이며 나를 보고 말했지. "그럼 그걸로 무엇을 했나?"

"벽돌장이 아즈마에게 주었습니다. 그의 말이, 자기가 먼 나라로 여행을 가는데 타이어에 가서 페니키아의 값진 보석을 사다 주겠다고 했습니다. 그가 돌아오면 같이 그걸 비싸게 팔아서 이득을 나눠 갖기로 했습니다."

"바보는 누구나 다 배워야 돼." 그는 험상궂게 말을 했어.

"하지만 벽돌장이의 보석에 대한 지식을 왜 믿나? 제빵기술자한테 가서 별에 관해 물을 참인가? 생각이 있는 사람이라면 점성가한테 가야지. 젊은이, 자네 저축은 나 없어져 버렸네. 재산을 뿌리채 뽑아버린 거야. 하지만 또 하나 심어야지. 다시 한번 해봐. 다음에는 보석에 대한 충고를 얻고 싶으면 보석 상인한테 가게. 양에 대해 알고 싶으면 양치기한테 가야 하고.

충고란 아무나 할 수 있는 것이긴 하지만, 그만한 가치가 있는 것을 취했는가를 확인해야지. 저축에 관해 경험이 없는 사람이 그 문제에 관하여 충고를 받는 것은, 나의 저축을 다 들여 그들의 의견이 틀리다는 것을 증명해 보일 뿐이지."

그리고는 그는 가버렸어.

정말 그 말대로더군. 페니키아 사람들은 순 사기꾼이라, 가짜 보석을 아즈마에게 팔았어. 그러나 알가미쉬가 내게 말한 것처럼 다시 나는 10분의 1씩을 저축했지. 그때는 벌써 그것이 습관이 되어서 하나도 힘들지 않더군. 다시 열두 달이 지나고 알가미쉬가 서기들 방으로 와서 내게 말을 걸었지.

"지난번 본 이후로 어떤 진전이 있었나?"

"전 꾸준히 다시 저축을 했습니다. 그래서 그 모은 것을 방패 업자인 아거에게 맡겨서 동을 사게 했지요. 넉 달마다 거기서 이자가 나오고 있습니다."

"그거 잘한 것이군. 그래, 그 이자로는 무엇을 했나?"

"꿀과 좋은 포도주와 맛난 케익으로 잔치를 벌였습니다. 자줏빛 상의도 하나 사고요. 또 앞으로는 나귀 새끼 한 마리도 살 거예요."

그 말에 알가미쉬는 웃었어.

"자네의 저축을 자식들이 먹어 버렸군. 그것들이 다시 자네를 위해 어떻게 일하겠나? 또 그 자식들이 다시 자네를 위해 일하겠나? 우선 금 노예들을 많이 거두는 게 중요해. 그러면 수많은 화려한 잔치를 후회 없이 치를 수 있지?"

그리고는 그는 다시 가버렸지.

그리고 2년 동안 나는 다시 그를 보지 못했네. 그가 다시 왔을 때, 그의 얼굴에는 깊은 주름으로 가득했고, 눈은 축 처져 있었어. 아주 노인네가 다 되었지.

그때 그는 내게 이렇게 물었어.

"아카드, 자넨 자네가 꿈꾸던 재산을 다 모았나?"

나는 이렇게 대답했지.

"제가 바라던 대로는 아니지만 내가 가신 그것이 더 많이 벌어주고 있고, 그 수입이 다시 더 벌어주고 있습니다."

"그래, 아직도 벽돌장이의 충고를 듣나?"

"벽돌 만드는 일에는 좋은 충고를 줄 수 있겠지요."

"아카드, 자네는 교훈을 잘 배웠네. 우선 범위 안에서 살 수 있는 법을 배우고. 다음, 경험이 있어서 그 경험을 토대로 좋은 충고를 줄 수 있는 사람에게 도움을 요청하는 법을 배우고, 그리고 마지막으로 금이 나를 위해 일하게 할 줄 배우고.

자넨 돈을 버는 법, 돈을 간직하는 법, 또 돈을 이용하는 법 등을 다 배웠네. 그러므로 자넨 책임 있는 자리에 설 자격이 있네. 난 이제 늙었어. 우리 아들들은 쓰는 것만 생각하고 버는 데는 생각이 없어. 난 재산이 많아서 그걸 내가 다 관리할 수가 없네. 자네가 니파에 가서 거기 있는 내 땅을 관리해 주면 자네와 동업 해서 나중에 이익을 주겠네."

그래서 나는 니파에 가서 그의 큰 토지들을 맡아 관리했지. 나는 야망이 큰 데다 재산 관리의 세 가지 법칙을 다 익혔기 때문에 그의 재산을 크게 늘릴 수 있었어. 그래서 나는 나중에 큰 재산을 불려주었고, 약속대로 그는 내게 토지를 나누어 주었지."

이렇게 아카드는 얘기했고, 그의 얘기가 끝났을 때 친구 중의 하나가 물었습니다.

"알가미쉬가 자네를 상속인으로 삼은 것은, 자네가 억세게 운이 좋기 때문이지?"

"운이 좋다는 건 내가 처음 그를 만나기 전에 부자가 되고 싶다는 생각을 가졌다는 점뿐일세. 4년 동안을 나는 내가 번 수입의 10분의 1씩 저축함으로써 변함없는 결단성을 보여주지 않았던가? 몇 년을 물고기의 습관을 연구하고 또 연구해서 바람의 방향이 바뀔 때마다 그물을 달리 던지는 어부를 운이 좋다고만 할 수 있을까? 기회는 준비가 안 된 사람에게는 시간을 소비하지 않는 거만한 여신이지."

또 한 사람이 이렇게 얘기를 했습니다. "첫해의 저축을 다 잃고 난 후 다시 시작했으니 강한 의지력이라도 있었군. 보통이 아니야."

아카드는 이렇게 반박했습니다.

"의지력? 무슨 소리. 의지력이 우리에게 낙타가 질 수 없는 짐을 들어올릴 힘을 주는 줄 아나? 아니면 황소가 못 끌 짐을 질 줄 아나? 의지력이란 내 자신이 정한 목표를 조금도 흔들림이 없이 실천해 나가는 것에 지나지 않아. 아무리 하찮은 일이라도 일단 정했으면 난 끝을 볼 거야. 그렇지 않고서야 어떻게 내 자신을 믿고 중요한 일을 하겠나?

예를 들어 '백 일 동안 성 안으로 가는 다리를 건널 때마다 길에서 돌을 하나씩 주워서 개울에다 버릴 테다.' 이렇게 속으로 다짐했다면, 나는 그대로 할 거야. 칠 일째 되던 날 깜박 잊고 그냥 지났다면 '내 일 두 개 던지면 되지 뭐' 하고 지나치지는 않을 걸세. 그대신 다시 돌아가서 돌을 던져 넣을 걸세.

스무날 째에도 난 혼자 '아카드, 이건 소용없는 짓이다. 매일 한 개씩 돌을 던져 넣어 무슨 소용이 있겠니? 한 움큼 던져 넣고 단번에 끝내라. 이렇게 말하지는 않을 걸세. 절대 그렇게 말하지 않을 뿐 아니라 그렇게 하지도 않을 거야. 나는 일단 내가 정한 목표를 달성할 걸세. 그러므로 어렵고 비실제적인 목표는 계획하지도 않지. 나는 여가를 즐기는 사람이니까."

그러자 또 한 친구가 이렇게 물었습니다.

"자네 말이 사실이고, 또 자네 말대로 일리 있고, 또 그렇게 간단하다면 그리고 모든 사람이 다 그렇게 한다면 어디 재물이 남아 있겠나?"

아카드는 이렇게 대답했습니다.

"부는 사람들이 정열을 쏟는 곳마다 생겨나지. 만약 어느 부자가 새 궁전을 지었을 때 거기 들어 간 돈은 다 없어지는 것인가? 아니지. 일부는 벽돌장이가, 일부는 노동자가, 또 일부는 그림장이가 가져가겠지. 그리고 그 궁전을 위해 수고한 사람은 누구나 그 일부를 가졌겠지. 그렇다고 완성된 궁전은 전혀 아무 값이 안 나가는 것일까? 그것이 거기 있음으로 해서 그 아래 땅이 더 값이 나가는 것이 아닐까? 또 옆에 붙은 땅들도 그것이 거기 있다고 해서 그만한 가치가 더 없는 것일까?

부는 신비롭게 커져 가는 걸세. 그 한계선은 아무도 예언 못해. 페니키아 사람들은 바다에서 상선으로 장사를 해서 번 돈으로 황무지 해안에 큰 성들을 세우지 않았는가?"

그래도 또 다른 친구가 물었습니다. "그럼 우리도 부자가 되려면 어떻게 해야 된다고 우리에게 충고하는 건가?"

"세월이 벌써 가 버려서 이젠 젊은 나이도 아니고 가진 게 아무 것도 없어. 알가미쉬의 지혜를 받아들이라고 충고하겠네. 그리고 혼자 '내가 번 수입의 일부는 절대 내 것이다' 라고 다짐하게. 아침에 일어났을 때 먼저 말하게. 점심 때도 말하게. 밤에도 말하게. 매일 매시간 한 번씩 하게. 그 단어들이 하늘에 불글자처럼 박힐 때까지 다짐하게.

그 생각을 자신에게 집어 넣게. 그 생각으로 자신을 꽉 채우게. 그다음 괜찮다 싶을 정도의 몫을 정하게. 반드시 10분의 1 이상을 떼어 저축하게. 가능하다면 다른 경비를 생각해야겠지. 그러나 먼저 그 몫은 떼어 놓게. 그럼 곧 나 혼자만이 주장할 수 있는 재산이 있다는 이 느낌이 얼마나 부자가 된 느낌인지 알 수 있을 걸세.

그것이 불어 갈수록 자네에게 자극이 될 거야. 어떤 새로운 기쁨에 전율을 느낄 거야. 더 벌기 위한 더 큰 노력이 생길 거야. 왜냐하면, 수입이 늘면 그만한 비율은 또 내 것이 될 테니까. 안 그런가? 그 다음엔 내 재산이 나를 위해 일하게 만드는 걸세. 내 노예로 만드는 거야. 그것의 자식들 또 그 자식들의 자식들까지도 다 나를 위해 일하게 만드는 거야.

미래를 위한 수입선을 확보해 놓아야겠지. 노인들을 보고 자네들도 그럴 날이 얼마 남지 않았음을 잊지 말게. 따라서 내 재산을 잃지 않도록 조심스럽게 투자하게. 지나친 이자는 조심성 없는 사람을 후회와 손해로 이끄는 지름길이야.

또 신들께서 부르실 때를 대비하게. 식구들을 위한 준비는 규칙적으로 모은 작은 돈으로도 가능하네. 따라서 준비성 있는 사람은 그런 때를 위해 큰 액수가 되도록 미리 준비해 놓는 것을 잊지 않는다네.

현명한 사람들과 상의하게. 돈을 관리하는 전문가의 충고를 구하게. 그래서 나처럼 벽돌공 아즈마에게 돈을 투자하는 그런 실수를 범하지 않도록, 작지만 안전한 투자는 모험보다 백 배 낫지.

사는 동안 생을 즐기게. 지나치게 절약하고 너무 많이 저축하려고 애쓰지 말게. 내 수입의 10분의 1을 여유 있게 저축할 수 있다면, 그만큼 떼는 것으로 만족하게. 그 다음은 수입에 따라서 살고, 구두쇠 짓을 하며 돈을 쓰는 것을 벌벌 떨지 말게. 인생이란 즐거운 거야. 보람 있는 일과 즐길 일들이 많지.”

그의 친구들은 인사를 하고 흩어졌습니다.

어떤 이들은 도저히 상상이 안 가고 이해가 안 돼 침묵했습니다. 또 어떤 이들은 그렇게 부자면서 운이 없는 자기들을 도와주지 않는다고 빈정거렸습니다. 그러나 어떤 이들의 눈에는 새 광채가 발했습니다. 그들은 알가미쉬가 서기방에 매번 다시 온 것은 어둠 속에서 빛을 향해 부지런히 노력하는 한 젊은이 때문이었다는 것을 깨달았습니다. 그가 ‘빛을 기다리고 있으니까’ 기회는 왔습니다. 스스로 기회를 기다리며 노력하지 않는 한 아무도 그 자리를 메꿔 주지 않습니다.

이 후자의 사람들이 그 후 꾸준히 아카드를 다시 찾은 사람들이고, 그는 그들을 반갑게 맞았습니다. 그는 식견이 넓은 사람들이 그렇듯, 기꺼이 그들과 논의하고 지혜를 마음껏 나누어 주었습니다. 그리고 그들이 저축을 투자하는 것을 도와주며, 안전하게 이윤을 붙이고 돌아오도록, 결코 아무 이득 없이 매여 있거나 잃지 않도록 하는 법을 강조했습니다.

알가미쉬에게서 아카드로, 다시 아카드에게서 그들에게 이 진리가 이어진다는 것을 깨달은 그날, 그들의 인생에는 큰 전환점이 나타났습니다.

part. 3

얄팍한 지갑을 위한 일곱 가지 구제책

바빌론의 영광은 계속됩니다. 수천 년을 이어온 지금도 바빌론은 우리에게 역사상 최고의 부자 나라로 알려져 있으며, 그 보물은 가히 믿기 어려울 정도입니다.

그러나 처음부터 항상 그런 것은 아니었습니다. 바빌론의 부(富)는 그 백성들의 지혜의 결과였습니다. 그들은 먼저 부자가 되는 방법을 배워야 했습니다.

선왕 사르곤이 적 엘라미족을 물리치고 돌아오자, 그의 앞에는 어려운 문제가 놓여 있었습니다. 총리대신은 그 문제를 왕에게 이렇게 설명했습니다.

"폐하께서 거대한 관개수로와 신들께 바치는 큰 성전을 지으셨기 때문에 수년 동안 우리 백성들은 풍족하게 살았지만, 이제 이 일이 끝났으므로 백성들은 스스로 벌어 먹고 살 수가 없는 것 같습니다.

노동자들은 직업이 없습니다. 상인들은 손님이 없어서 울상입니다. 농부들은 농산물을 팔 곳이 없습니다. 식량을 살 돈이 없습니다."

"그런데 이 거대한 사업에 쓴 돈은 다 어디 갔는고?" 왕이 물었습니다.

총리대신은 이렇게 대답했습니다.

"황공하옵니다만, 우리나라의 극히 부자 몇 사람의 수중으로 다 들어갔을까, 그것이 두렵사옵니다. 염소젖이 여과기를 빠져나오듯 돈이 백성들 손가락 사이로 급히 다 빠져나갔습니다. 이젠 그 금줄이 그쳐 버렸으므로 대부분 백성들은 번 것을 보여 줄 것이 아무것도 없습니다."

왕은 잠시 생각에 잠겼습니다. 그리고 이어 물었습니다.

"그럼 왜 몇 사람들만이 모든 금을 다 가질 수 있는고?"

"방법을 알기 때문인 것 같습니다." 총리대신은 대답했습니다.

"방법을 알아서 잘 사는 사람들을 나무랄 수는 없사옵니다. 공정하게 돈을 모은 사람더러 그보다 능력 없는 사람들에게 돈을 나누어 주라는 것은 공정치 못한 일이옵니다."

왕은 다시 물었습니다.

"그럼 왜 모든 백성이 다 금을 모으는 방법을 알아서 그들도 부자가 되고 잘 살지 못하는고?"

"옳으신 말씀입니다, 폐하. 하오나 그것을 누가 백성들에게 가르칠 수 있겠습니까? 제사장들은 물론 아닙니다. 돈을 버는 일에는 재주가 없는 사람들이니까!"

"총리대신, 그럼 우리나라에서 부자가 되는 방법을 가장 잘 아는 사람은 누구인고?"

"그 질문에 답이 절로 들어 있습니다, 폐하. 바빌론에서 가장 많은 재산을 모은 사람이 누구입니까?"

"말 잘하였도다, 유능한 총리대신. 그거야 아카드가 아닌가? 바빌론에서는 가장 부자야. 내일 그를 내 앞에 데려오도록 하오."

다음날 왕의 명령대로 아카드가 왕의 앞에 나왔습니다.

70살의 나이에도 불구하고 그는 곧고 씩씩했습니다.

"아카드, 그대가 바빌론에서 제일 부자라는 것이 사실인고?"

"그렇다고 하옵니다, 폐하. 아무도 부정하지는 않사옵니다."

"그대는 어떻게 그렇게 부자가 되었는고?"

"우리 이 좋은 나라의 모든 백성들에 다 가능한 기회를 이용해서입니다."

"처음에 시작할 때 가지고 있던 것은 아무것도 없고?"

"부자가 되겠다는 간절한 소망뿐이었습니다. 그밖에는 아무것도."

왕은 이렇게 말을 이었습니다.

"아카드, 우리나라에서 지금 몇몇 사람은 재산을 모을 줄 알아 그것을 독점하는 반면, 대부분의 백성들은 얻은 금을 조금도 지닐 줄 모르기 때문에 매우 어려운 상태에 있노라. 바빌론이 세계 제일의 부유한 나라가 되었으면 하는 것이 짐의 희망이로다. 그렇게 하려면 백성들이 부자여야 하노라. 따라서 우리는 백성들에게 어떻게 하면 재산을 모을 수 있는가를 가르쳐야 하노라. 아카드, 그대가 부를 이룬 비결은 무엇인고? 가르쳐서 되는 일인고?"

"실제적인 것이옵니다, 폐하. 아는 사람이 다른 사람에게 가르쳐주면 되는 것이옵니다."

왕의 눈이 빛났습니다.

"아카드, 그대는 내가 듣고 싶은 말을 하는구나. 이 국가적인 이익을 위해 그대를 빌려줄 수 있을고? 그대의 지식을 학교의 교사들에게 가르쳐 주어, 그 교사들이 또 다른 사람들에게 가르쳐 이 나라의 모든 백성들이 충분히 훈련이 되노록 할 수 있겠느뇨?"

아카드는 머리를 조아리며 말했습니다.

"폐하께서 하시라는 일이면 죽음도 마다하지 많을, 이 몸은 폐하의 비천한 종이옵니다. 신은 기꺼이 신이 가지고 있는 모든 지식을 내 동포들의 보다 나은 생활을 위해, 또 우리 폐하의 영광을 위해 다 바치겠나이다.

총리대신으로 하여금 일백 명만 뽑아 한 반을 만들게 해주시면 신이 신의 지갑을 살찌운 일곱 가지 구제책을 가르치겠나이다. 신의 지갑보다 더 얄팍한 지갑도 이 바빌론에는 없는 줄로 믿사옵니다."

2주일 후, 왕의 명령에 따라 뽑힌 백 명이 배움의 전당 큰 강당의 색색 의자에 반원형으로 둘러앉았습니다. 아카드는 이상하면서도 기분 좋은 냄새가 나는 성화등이 얹힌 작은 의자 옆에 앉았습니다.

"바빌론의 제일가는 부자를 좀 봐."

아카드가 일어서는 것을 보며 한 학생이 옆사람을 쿡 찔렀습니다.

"우리랑 뭐 똑같네."

아카드는 이렇게 말을 시작했습니다.

"위대하신 폐하의 어명에 따라 나는 지금 이 자리, 여러분 앞에 섰습니다. 한때는 나도 무지무지하게 부를 바라던 가난한 젊은이였고, 그러다가 그것을 얻도록 해준 방법을 알아냈기 때문에 폐하께서는 나보고 여러분에게 그 비결을 알려 주라고 청하셨습니다.

나도 처음에는 아주 초라하게 시작했습니다. 여러분이나 바빌론의 모든 시민들이 누릴 수 있는 그 이상의 어떤 이점을 가졌던 것도 아닙니다. 내 재산의 첫 창고는 다 떨어진 지갑 하나로부터 시작되었습니다. 나는 항상 그것이 불룩하게 금화 소리가 쩔렁쩔렁 났으면 싶었습니다. 그래서 얄팍한 지갑을 위한 모든 구제책을 구해냈습니다. 일곱 가지를 알아냈습니다.

여기 모이신 여러분에게 많은 돈을 원하는 모든 사람들에게 내가 추천하는 얄팍한 지갑을 위한 일곱 가지 구제책을 설명해 드리도록 하겠습니다. 칠 일 동안 매일 구제책 한 가지씩을 설명해 드리겠습니다.

내가 말하는 그 지식을 잘 들으시기 바랍니다. 그리고 나와 토론하시길 바랍니다. 여러분끼리 연구하시길 바랍니다. 여러분들도 이 재산의 씨를 여러분 지갑에 심을 수 있도록 이 교훈들을 철저히 배우시길 바랍니다.

첫째, 여러분 한 사람 한 사람이 먼저 실천을 해야 합니다. 그래야 비로소 다른 사람들에게 이 진리를 가르칠 수 있는 자격이 있습니다.

나는 여러분에게 지갑을 살찌우는 방법을 아주 간단하게 가르쳐 드릴 것입니다. 이것이 재산 축적의 첫걸음이며 이 첫걸음에 두 발을 단단히 디디지 못한 사람은 아무도 올라가지 못합니다."

첫 번째 구제책 / 지갑을 채우는 일부터 시작

아카드는 둘째 줄에 앉은 한 신중한 남자에게 말을 걸었습니다.

"형제님, 형제님은 어떤 일을 하시요?"

"저는 서기로서 진흙 판에 글자를 새기는 일을 하고 있습니다."

"나도 그런 일로 처음에는 벌어 먹고 살았지요. 그러므로 당신도 부자가 될 기회는 나와 똑같은 겁니다."

그는 저 뒤쪽에 앉은 혈색 좋은 한 남자에게 다시 물었습니다.

"선생은 또 어떤 일을 해서 사시는지요?"

"나는 도살업자요. 농부들이 기르는 염소를 사다가 잡아 아낙네들에게 고기를 팔고, 가죽은 신발 장수들에게 팔지요."

"당신 역시 힘들여 돈을 벌므로 내가 부자가 된 것만큼 당신도 부자가 될 기회가 똑같이 있소이다."

이런 식으로 계속해서 아카드는 한 사람 한 사람이 어떻게 소득을 얻고 있는가를 알아 보았습니다. 묻기를 다 마치고 난 그는 이렇게 말했습니다.

"자, 여러분. 여러분들도 각자 돈을 벌어들이는 각종 직업, 각종 장사가 있다는 것을 알았습니다. 각자 돈 버는 방법이 돈이 흐르는 길이며, 각자 자기 지갑에 돈을 넣을 수 있는 방법입니다. 따라서 여러분 각자의 지갑에는 여러분의 능력에 따라 크고 작은 돈의 줄기가 흘러들어옵니다. 그렇지 않습니까?"

그러자 그들은 그렇다고 고개를 끄덕였습니다.

"그렇다면 여러분 모두가 각자 부자가 되기를 원한다면, 여러분이 이미 가지고 있는 부의 원천을 이용해 시작하는 것이 현명하지 않겠습니까?"

이 말에도 그들은 고개를 끄덕였습니다.

그러자 아카드는 계란 장수를 한다는 한 초라한 사람을 보고 물었습니다.

"당신이 만약 광주리 하나를 택해서 매일 아침 계란 열 개를 그 속에 집어넣었다가 매일 저녁 아홉 개만 꺼낸다면 나중엔 어떻게 될까요?"

"금방 넘치겠지요."

"왜요?"

"매일 꺼내는 것보다 한 개씩 계란을 더 넣으니까요."

아카드는 웃으면서 전체 학생들을 향했습니다.

"여러분 중에 지갑이 얄팍하신 분 계십니까?"

처음에는 그들은 재미있다는 표정을 지었습니다. 그러더니 웃었습니다. 마침내 그들은 놀리듯 지갑을 흔들어 보였습니다.

"좋습니다. 그러면 지금부터 얄팍한 지갑을 구제하기 위해 배운 첫 번째 구제책을 말씀드리겠습니다.

계란 장수에게 내가 말한 그대로 하십시오. 여러분의 지갑에 넣은 열 개의 동전이 있으면 그중 아홉 개만 꺼내십시오. 여러분의 지갑은 금방 불룩해지고 무거워지는 그 무게 때문에 손 안의 느낌이 좋고 정신에는 만족을 가져다 줄 것입니다.

내가 말한 것이 너무 단순하다고 비웃지 마십시오. 진리란 항상 단순한 법입니다. 나는 여러분에게 내가 재산을 모은 방법을 말씀드리겠다고 했습니다. 이것이 내가 시작한 방법입니다.

나 역시 얄팍한 지갑을 들고 다녀 내 욕망을 채워줄 수 있는 아무것도 들어 있지 않기 때문에 항상 욕을 했습니다. 그러나 지갑에 넣은 돈의 10분의 9만 꺼내면서부터 내 지갑은 살이 찌기 시작했습니다. 여러분도 그럴 것입니다.

그리고 한 가지 이상한 사실을 말씀드리겠습니다. 그 이유는 저도 아직 모릅니다만, 수입의 10분의 9 이상 돈을 꺼내어 쓰지 않는데도 이상하게 그럭저럭 살 수 있었습니다. 전보다 더 궁핍하지도 않았습니다. 그리고 곧 돈이 전보다 더 쉽게 들어왔습니다. 수입의 어떤 일정 분량을 간직하고 쓰지 않는 사람에게는 돈이 보다 쉽게 들어오는 것이 하늘의 법칙인 듯싶습니다. 반대로 지갑이 빈 사람은 돈이 피해 가겠지요.

여러분은 어떤 것을 더 원하십니까? 매일의 욕망에 대한 만족, 즉 보석, 금은보화, 더 좋은 옷, 더 맛난 음식입니까? 아니면 실질적인 재산, 돈, 토지, 가축, 물건, 소득을 가져다주는 투자입니까?

여러분이 여러분의 지갑에서 꺼내는 돈은 처음 것을 가져다줍니다. 그러나 그 안에 여러분이 남겨 두시는 돈은 나중 것을 가져다줍니다.

'동전 열 개를 넣을 때마다 아홉 개만 꺼내 써라.'

여러분, 이것이 얄팍한 지갑을 위한 내 첫 번째 구제책입니다.

여러분들끼리 한번 토론해 보십시오. 그것이 사실이 아닌 것 같다는 생각이 드시면 내일 다시 만나서 얘기해 보십시오."

두 번째 구제책 / 경비 조절

"학생 여러분, 여러분 중에는 이렇게 물으시는 분이 계십니다. '수입의 전부를 꺼내도 필요한 경비를 다 충당하기 모자라는데, 어떻게 총수입의 10분의 1을 저축할 수 있습니까?"

둘째 날 아카드는 학생들에게 이렇게 얘기를 꺼냈습니다.

"어제 빈 지갑을 들고 다닌다고 하신 분 몇 분이나 되지요?"

"전부 다지요."

"그러나 여러분이 다 똑같은 액수를 벌어들이지는 않지 않습니까? 돈을 조금 버는 사람이 있는가 하면 많이 버는 사람도 있습니다. 먹여 살려야 할 식구가 많은 사람들도 있습니다. 그런데도 한결같이 지갑은 다 비었습니다.

그럼 여기서 인간에 대한, 그리고 그 인간의 자손에 대한 유별난 진리를 하나 더 말씀드리겠습니다. 이렇습니다. 우리 각자가 '필요한 경비'라고 부르는 것은 우리가 억제하려고 노력하지 않는 한 우리 수입과 비례해 커지기 마련이라는 사실입니다.

필요한 경비와 욕망을 혼동하지 마십시오. 여러분 모두는 여러분의 착한 식구들도 수입으로 만족시킬 수 있는 이상의 욕망이 있습니다. 따라서 욕망을 그냥 두는 한 여러분의 수입은 모두 여러분의 욕구를 충족시키는 데에 쓰여집니다. 그러고도 아직 충족시키지 못한 욕망이 많습니다.

모든 사람에게는 다 충족시킬 수 있는 이상의 욕망이 짐스럽게 지워 있습니다. 내가 부자라고 해서 나라고 모든 욕망을 다 만족시키고 사는 줄 아십니까? 그것은 잘못된 생각입니다. 시간에 한계가 있습니다. 힘에도 한계가 있습니다. 다녀야 할 거리에도 한계가 있습니다. 먹는 것에도 한계가 있습니다. 즐기는 취미에도 한계가 있습니다.

여러분께 말씀드리거니와, 뿌리를 뻗을 자리만 주면 어디에서

나 자라는 잡초처럼 인간의 욕망도 만족시킬 가망이 있기만 하면 언제고 마음대로 자랍니다. 욕망은 끝이 없고 충족시킬 수 있는 것은 몇 개에 불과합니다.

여러분의 생활 습관을 철저히 연구해 보십시오. 슬기롭게 줄이거나 없앨 수 있는 몇 개의 경비가 있을지도 모릅니다. 들이는 돈이 충분히 쓰일 가치가 100퍼센트 있어야 함을 신조로 삼으십시오.

따라서 필요한 경비와 수입의 10분의 9 이내에서 가능한 다른 경비를 고르십시오. 나머지는 지워내고 충족시키지 않고 그냥 내버려 두어도 후회하지 않을 수많은 욕망 중의 일부로 생각해 버리십시오.

그런 다음 필요한 경비로 예산을 짜십시오. 지갑을 살찌우는 10분의 1은 손대지 마십시오. 이것으로 큰 욕망을 충족하는 것으로 삼으십시오. 예산을 가지고 노력하고, 그 예산이 내게 도움이 되도록 조정하십시오. 그것이 여러분의 지갑을 살찌우는 데 지키는 첫 번째 파수꾼이 되게 하십시오."

그러자 빨강색과 금색으로 된 망또를 입은 한 학생이 일어나 말했습니다.

"나는 자유인이요. 인생을 즐기는 건 내 자유라고 생각하오. 따라서 내가 얼마를 무엇에 써야 할지를 결정해 주는 예산이라는 노예 제도에는 반대요. 나는 그렇게 되면 인생의 즐거움을 많이 빼앗기고 꼭 짐싣고 가는 노새로 밖에 생각되지 않을 게요."

그에게 아카드는 이렇게 대답했습니다.

"그 예산을 결정하는 사람은 누구입니까?"

"나 스스로이겠지요." 반대하던 사람이 대답했습니다.

"만약 노새가 자기 짐을 자기가 계획한다면 그 안에 보석이니 융단이니, 무거운 금덩어리니 이런 것들이 들어가겠습니까? 그렇진 않습니다. 건초, 곡식, 물통 등 사막에서 필요한 것들이겠지요.

예산의 목적은 내 지갑을 살찌우자는 데 있습니다. 내게 필요한 것을 그리고 나아가서는 가능하다면 내가 바라는 다른 것들을 갖도록 도와주자는 데 있습니다. 일상적인 소망과 꼭 필요한 바람과 구별지어 꼭 필요한 바람이 무엇인가를 깨닫게 해주자는 데 있습니다. 어두운 동굴 속에 한 줄기 밝은 빛처럼 나의 예산을 내 지갑의 구멍들을 밝혀내 꼭 필요한 곳에 그리고 만족스러운 곳에 경비를 쓰도록 조절하는 데 있습니다.

그래서 이것이 얇은 지갑의 두 번째 구제책입니다.

수입의 10분의 9 이상을 쓰지 않으면서 필요한 경비와 즐거움과 또 바라는 소망을 이루도록 경비의 예산을 세우십시오.

세 번째 구제책 / 돈을 늘릴 것

"여러분의 얄팍했던 지갑이 불룩해지는 것을 보십시오.

여러분은 이미 여러분이 버는 총수입의 10분의 1을 그 안에 남겨 놓는 습관을 들였습니다. 재산 증식의 보호를 위한 경비 절감도 세웠습니다.

이번에는 여러분의 재산이 수입을 벌어 붙이고 늘어나는 방법을 한번 생각해 보겠습니다. 지갑 안의 돈은 가지고 있어서 만족스럽고 구두쇠의 영혼을 만족시켜 주긴 하지만, 그러나 아무것도 벌진 못합니다. 수입에서 우리가 간직하는 돈은 시작에 불과합니다. 그것이 벌어들이는 소득이 재산 증식의 비결입니다."

이렇게 셋째 날 아카드는 반 학생들 앞에서 말했습니다.

"그러면 어떻게 우리의 돈이 일하게 만들 수 있겠습니까? 내 경우 첫 번 투자는 불운이었습니다. 다 잃었습니다. 그 얘기는 나중에 다시 하겠습니다.

첫 번 이득을 위한 투자는 방패 제조업자인 아거라는 사람에게 돈을 빌려 준 것이었습니다. 일 년에 한 번 그는 그의 사업에 쓸 구리(銅)를 큰 배로 바다 건너에서부터 들여왔습니다. 상인들에게 지불할 자본이 부족했으므로 여유가 있는 사람에게서 돈을 빌렸습니다. 신용이 있는 사람이었습니다. 방패를 팔면 빌린 돈에 이자까지 붙여서 갚았습니다.

돈을 빌려줄 때마다 나는 이자까지 다시 빌려주었습니다. 그렇게 되니까 나의 자본이 커질 뿐 아니라, 소득도 따라서 커졌습니다. 이 총합계가 내 지갑으로 들어오는 일은 여간 즐거운 일이 아니었습니다.

학생 여러분, 어떤 사람의 부(富)는 지갑에 넣고 다니는 돈이 전부가 아닙니다. 어떻게 수입의 통로를 설치해 놓느냐입니다. 끊임없이 지갑 속으로 들어와 항상 지갑을 불룩하게 해줄 수 있는 돈줄입니다. 여러분이 일을 하든, 여행을 하든, 끊어지지 않는 수입선, 이것이야말로 모든 사람이 바라는 바이며, 여러분 모두가 바라는 것입니다.

나는 많은 소득을 갖고 있습니다. 그것이 크기 때문에 사람들은 나를 부자라고 합니다. 아거에게 돈을 빌려준 것이 이득을 본 투자의 첫 경험이었습니다. 이 경험을 토대로 자본이 늘어나면서 나는 투자와 대부를 늘렸습니다. 처음에는 몇 군데서 그리고 나중에는 여러 군데서 내가 필요하다고 판단할 때마다 이용할 수 있는 돈줄이 내 지갑 속으로 흘러들어왔습니다.

내 초라한 수입으로 얼마나 많은 귀중한 노예들을 모았는지 보십시오. 이들은 각자 노력하여 돈을 더욱 불리고 있습니다. 그들이 나를 위해 노력하고 따라서 그들의 자식들도 역시 일하고, 그 자식의 자식들도 일해서 그들이 힘을 합친 소득은 대단했습니다.

합리적인 소득을 만들 때 돈이 금방 불어나는 것을 다음의 예를 보면 알 것입니다.

어떤 농부가 자기 장남이 태어나자, 은 열냥을 돈놀이꾼에게 맡기며, 자기 아들이 스무 살이 될 때까지 이자를 주고 맡아 달라고 했습니다. 돈놀이꾼은 그렇게 하겠다고 하고 이자는 매년 총 이득의 4분의 1을 주겠다고 합의를 했습니다. 농부는 아들 몫으로 따로 떼어 놓은 것이므로 이자까지 그냥 더해서 맡아 줄 것을 부탁했습니다.

아들이 스무 살이 되었을 때, 농부는 다시 돈놀이꾼을 찾아갔습니다. 돈놀이꾼은 복리로 계산해서 원래 은 열냥이던 것이 이제는 서른 다섯냥이라고 설명을 했습니다.

농부는 매우 기뻐했습니다. 거기다 당장 돈이 필요한 것이 아니었기 때문에 그 돈을 그냥 계속 맡겨 두었습니다. 아들이 오십 살이 되었을 때, 아버지는 이미 딴 세상 사람이 되어 버리고, 돈놀이꾼은 백예순일곱 냥의 은을 아들에게 지불했습니다. 이렇게 해서 오십 년 동안에 그 돈은 이자로 거의 칠 배가 불었습니다. 즉, 이것이 얄팍한 지갑을 위한 세 번째 구제책입니다. 들의 새들이 종족을 늘리듯 돈이 돈을 낳게 하고, 항상 지갑에 돈이 넘치도록 해주는 부의 줄기를 가져오게 하는 것입니다."

"불운은 눈에 보이는 유혹을 사랑합니다. 우리의 지갑에 든 돈은 단단히 지켜야지 그렇지 않으면 달아나 버립니다. 따라서 우선 작은 양을 갖고 있을 때 신들께서 우리에게 더 크게 맡기시기 전에 지키는 법을 배워 두는 것이 현명합니다."

넷째 날 아카드는 수업에서 이렇게 말했습니다.

"돈을 가지고 있는 사람은 누구나 가장 그럴싸한 투자 같아서 큰돈을 벌 수 있을 것 같은 유혹에 넘어가기 쉽습니다. 벌써 친구나 친척들이 열심히 그러한 투자에 관계해서 종사하라고 재촉하는 경우도 있습니다.

투자의 안전 원칙 1호는 여러분의 원칙을 지키는 한도 내에서입니다. 원칙이 깨어지면서까지 더 큰 소득에 매료당하는 것이 현명한 일일까요? 절대 아닙니다. 모험의 벌은 아마 손해일 것입니다. 여러분의 재산을 잃기 전에 안전한가를 재차 확인하고 충분히 검토하십시오. 빨리 부자가 되고 싶다는 안이한 욕망으로 일을 그르치지 마십시오.

어떤 사람에게 돈을 빌려주기 전에 그의 상환 능력과 신용도를 확인하십시오. 힘들게 번 돈을 선물로 주어 버리지 않도록 어떤 분야에 투자를 할 때는 거기에 따른 위험에 대한 사전 지식이 있어야 합니다.

내 경우 첫 번째 투자는 당시 내게는 비극이었습니다. 일 년 동안 꼬박 저축한 것을 벽돌 제조업자인 아즈마라는 사람에게 맡겼는데, 그는 여러 나라를 항해하며 타이어에서 페니키아의 진기한 보석을 사오기로 나와 합의가 되었습니다.

페니키아 사람늘은 순 사기꾼으로 유리알을 그에게 팔았습니다. 내 재산을 완전히 날렸습니다. 벽돌 제조업자에게 보석을 사도록 맡기는 바보짓을 한 것입니다.

그러므로 나는 내 경험에서 나온 충고를 하는 것입니다. 자신의 지혜를 너무 믿고 함정일지도 모를 투자에 재산을 맡기지 마십시오. 그보다는 돈을 굴릴 줄 아는 경험 있는 사람의 지혜를 구하는 것이 훨씬 이롭습니다. 그런 충고는 구하면 쉽게 얻을 수 있고 그만한 대가가 찾아옵니다.

손실을 막아 주는 것, 그것만으로도 정말 가치가 있습니다. 그래서 이것이 얄팍한 지갑에 대한 네 번째 구제책이며, 일단 찬 지갑이 비지 않게 방지하는 것이 대단히 중요합니다.

안전하게 원칙이 지켜지는 한도 내에서만 가능하다면 보장된 곳에 또 이윤을 남기는 데 실패하지 않을 곳에 투자함으로써 재산 손실을 막으십시오. 경험 있는 사람과 상의하십시오. 돈을 굴리는 데에 능한 사람의 충고를 굳게 지키십시오. 안전하지 못한 투자로 여러분의 재산을 잃지 않도록 지혜롭게 보호하십시오.”

다섯 번째 구제책 / 집을 투자 가치로 이용

“어떤 사람이 자기가 버는 것의 10분의 9를 갖고 생을 즐기는 데 책정해 두면서 사는 데 불편 없이 다시 그중 얼마를 이익이 되는 투자에 돌릴 수 있다면 재산 축적은 그만큼 더 빨라질 것입니다.”

다섯 번째 시간에 아카드는 그의 반에게 이렇게 말했습니다.

“우리 바빌론 사람들은 초라한 곳에서 식구들을 부양하는 사람들이 너무도 많습니다. 집주인에게 비싼 방세를 물면서도 아내는 아내대로 꽃 한 그루 가꿀 땅이 없고, 아이들은 아이들대로 더러운 골목밖에는 뛰어놀 곳이 없습니다.

아이들이 이렇게 깨끗한 땅에서 뛰어놀 수 없고, 아내가 화초뿐 아니라 식구들이 먹을 풍성한 채소 따위를 기르지 못할 정도에서 산다면, 그것은 결코 즐거운 인생이라고 할 수 없습니다.

자기 집 나무에서 딴 무화과, 자기 집 덩굴에서 딴 포도를 먹는다는 사실이 인간에게는 얼마나 큰 즐거움을 가져다주는지 모릅니다. 자기만의 공간과 아끼고 자랑할 터전이 있다는 것은 마음에 안정감을 심어주고 보나 너 노력하고 싶은 의욕을 심어 줍니다. 따라서 나는 모든 사람에게 자기와 자기 식구를 품어 줄 집을 가지도록 권유하는 바입니다.

집을 갖는다는 것도 뜻만 있으면 그리 어렵지 않습니다. 우리의 위대하신 전하께서는 바빌론 성벽을 더 연장하셔서, 그 안에 쓸모없는 땅을 더 많이 두게 하셨으니, 그걸 적당한 가격에 살 수 있지 않습니까?

또 여러분, 식구들을 위해 집과 땅을 장만하겠다는 사람들에게 사채업자들은 기꺼이 돈을 빌려줄 것입니다. 거기서 돈을 빌려 얼마간의 필요한 경비와 함께 더해서 시작하면 됩니다.

일단 집이 완성되면 집주인에게 지불하듯 일정량의 돈을 꾸어 준 사람에게 지불하는 겁니다. 매번 빚은 줄어들 테니까 몇 년 후면 빌린 돈도 다 갚게 됩니다.

그러면 내 재산이 생겼다는 마음의 기쁨도 있고 나가는 거라곤 왕의 세금밖에는 없을 것입니다. 그러면 또 아내는 가끔 옷을 빨러 개울에 나갔다가 매번 뜰에 줄 물을 물통에 한 통씩 길어 올 것입니다.

이렇게 해서 자기 집을 가지고 있는 사람에게는 많은 축복이 내립니다. 생활비도 줄고 수입으로 보다 더 윤택한 생활을 하는 데 도움을 줄 것입니다. 따라서 얄팍한 지갑을 위한 다섯 번째 구제책은 이것입니다.

'내 자신의 집을 갖자'입니다."

여섯 번째 구제책 / 미래의 수입에 대한 확보

"모든 인생은 어린 시절에서 노년까지 이어집니다. 이것이 인생의 과정이며 신들께서 일찍 저세상으로 부르지 않는 한 아무도 이 과정을 피할 수는 없습니다. 따라서 나는 이렇게 얘기합니다. 사람은 노후를 위해 적당한 수입을 마련해 놓는 것이 마땅하며 더이상 식구들을 부양하고 편하게 해줄 수 없을 때를 위해 준비를 해 두어야 한다라고.

이 교훈이 여러분이 더 이상 벌지 못하게 될 때 두툼한 지갑을 갖는 데에 도움이 되어 줄 것입니다."

여섯째 날 아카드는 이렇게 수업에서 서두를 꺼냈습니다.

"부의 법칙에 따라 재산을 축적해 나가는 사람은 노후도 생각해 두어야 합니다. 오래 안전하게 계속되면서도 때가 되면 기대했던 대로 유용하게 쓸 수 있는 어떤 투자 방법을 계획해야 합니다.

노후를 위한 준비에는 여러 가지 방법이 있습니다. 몰래 어떤 곳을 정해서 거기다 재산을 묻어둘 수도 있습니다. 그러나 아무리 뛰어난 기술로 한다 해도 그것은 도둑들에게 그냥 주는 것과 마찬가지입니다. 따라서 이 방법은 추천하고 싶지 않습니다.

또 한 가지는 집이나 땅을 사둘 수도 있습니다. 미래의 용도와 가치에 따라 잘 선택하면 아주 좋은 방법이 될 수 있습니다.

사채업자에게 적은 액수로 돈을 빌려주고 정기적으로 그것을 불려나갈 수도 있습니다. 이자에 다시 이자가 붙으면 돈은 금방 불어납니다.

나는 안산이라는 신발장사를 알고 있는데, 얼마 전 그는 자기가 8년 동안 매주 사채업자에게 은 두 냥씩을 맡겼다고 내게 말했습니다. 그런데 지금 불어난 금액을 보니 환성을 지를 지경이라는 겁니다. 상례대로 4년에 한 번씩 4분의 1을 이자로 붙여나가더니 이제는 은 천사십 냥이 되었다고 합니다.

나는 게다가 12년 동안 매주 은 두 냥씩 계속 적립해 나가면 은 사천 냥이 될 것이고, 그것이면 노후에 대한 안전한 보장이 될거라고 충고를 해주었습니다.

정기적으로 작은 액수를 적립한 것이 이렇게 이윤을 남기는 결과를 가져온다면 아무리 사업과 투자가 어렵다고 해도 미래와 가족들의 보호를 위한 투자를 아낄 사람은 없습니다. 거기다 제가 말하고 싶은 것이 한 가지 더 있습니다.

제 생각으로는 생각 있는 사람들이 언젠가 죽음에 대비해서 적은 액수를 적립했다가 죽은 사람의 가족에게 꽤 많은 액수를 주는 그런 제도를 만들었으면 하는 바람입니다. 이것은 나 자신 굉장히 괜찮게 생각하고 적극 추천하는 바입니다.

그러나 지금으로서는 불가능합니다. 왕의 자리만큼이나 완전히 보장이 되어야 할 것입니다. 언젠가는 그런 제도가 생겨서 첫번 적은 액수를 통해 자기가 죽고 난 다음 식구들이 편안히 살아갈 수 있게 해줄 수도 있기 때문에 많은 사람들에게 복을 줄 것으로 나는 믿습니다.

그러나 우리는 현재에 살지 미래에 살지 않기 때문에 우리의 목적 달성을 위한 수단과 방법을 이용해야만 합니다. 그러므로 나는 모든 사람에게 슬기롭고 깊이 생각한 방법으로 그들이 미래를 위한 얄팍한 지갑 방지법을 마련했으면 하고 권하는 바입니다. 더 이상 벌이 능력이 없는 사람에게나 혹은 가장(家長)이 없는 가족에게 얄팍한 지갑이란 큰 비극이기 때문입니다.

그래서 이것이 얄팍한 지갑에 대한 여섯 번째 구제책입니다.

"노후에 대한 대비와 가족의 보호를 미리 마련하라."

일곱 번째 구제책 / 벌이 능력의 증대

"여러분, 오늘 본인은 얄팍한 지갑에 대한 가장 필수적인 구제 방법의 하나를 여러분께 말씀드리고자 합니다. 그러나 오늘 것은 돈이 아니고 여러분 자신, 제 앞에 앉아 계신 여러분에 대한 말씀입니다. 나는 여러분의 정신과 또 성공을 향해 혹은 성공에 역행해 나가는 생활에 대해 말씀드리고자 합니다."

일곱째 날 아카드는 이렇게 수업을 시작했습니다.

"얼마 전 돈을 빌리겠다고 어떤 젊은이가 나를 찾아왔습니다. 나는 무엇에 쓰려느냐고 물었고 그는 벌이가 많지 않아서 쓸 것이 모자란다고 했습니다. 그래서 나는 그렇다면 빌린 돈을 갚을 능력이 없는 것이니 돈을 빌려주는 사람으로서는 가장 흥미 없는 고객이라고 그 젊은이에게 말을 했습니다.

"젊은이, 당신이 필요로 하는 것은 돈을 더 버는 일이겠군요. 그래 벌이를 늘리려고 애써 봤오?"

"별의별 짓을 다 했습니다. 지난 두 달 동안에 저는 월급을 올려 달라고 여섯 번 주인을 찾아갔지만 허사였습니다. 저보다 더 많이 간 사람도 없습니다."

우리는 그의 단순함에 웃습니다. 그러나 그에게는 벌이를 늘리는 필요 조건은 갖추어져 있습니다. 그의 마음속에는 돈을 더 벌고 싶다는 정당하고 칭찬할 만한 소망이 강하게 자리 잡고 있었습니다.

미래의 업적은 소망이어야 합니다. 그 소망은 분명하고 강해야 합니다. 일반적인 희망은 약한 꿈입니다.

"사람이 그냥 부자가 되고 싶다는 희망만으로는 아무 소용이 없습니다. 금 다섯 냥을 갖고 싶다는 소망은 달성될 수 있는 구체적인 소망입니다.

강한 목적의식으로 금 다섯 냥을 위한 소망을 달성한 다음에는 역시 같은 방법으로 열 냥, 그 다음에는 스무 냥, 다시 천 냥 해서 드디어는 부자가 되는 것입니다.

구체적인 작은 소망을 이루는 가운데 더 큰 소망도 이룰 줄 아는 훈련이 됩니다. 이것이 재산 축적의 과정입니다. 처음에는 작게 그 다음에는 조금 더 크게, 이렇게 해서 인간은 재산을 축적하는 능력을 배우고 키워나가는 것입니다.

소망은 간단명료해야 합니다. 너무 많고, 너무 복잡하고, 능력에 부치는 것이면 그 목표에 지고 맙니다. 직업의 기술을 익히듯이 수입의 증가도 마찬가지입니다.

내가 하루에 동전 두 냥씩을 받고 점토에 글을 새기던 비천한 서기 노릇을 할 때 나는 다른 사람들이 나보다 더 일을 많이 하고, 나보다 돈을 더 받는 것을 보았습니다. 따라서 나는 누구에게도 지지 않으리라 결심을 했습니다. 그들이 더 앞서 있는 이유를 머지않아 나는 알게 되었습니다.

일에 대한 더 많은 관심, 일에 대한 더 큰 집중력, 노력에 있어서의 더 많은 끈기, 그래서 누구도 하루에 나보다 더 많은 점토판을 새겨내지 못했습니다. 그러자 수입도 늘기 시작했고 굳이 인정을 받겠다고 주인을 여섯 번씩 안 찾아가도 되었습니다.

지혜가 늘수록 수입도 커집니다. 기술을 더 익혀 나가는 사람은 큰 보상이 있을 것입니다. 직공이면 같은 계열에서 보다 능률을 내는 연장과 방법을 모색할 것입니다.

법관이나 의사라면 같은 직업의 사람들과 의논하고 지식을 교환할 것입니다. 상인이라면 보다 싼값에 좋은 상품을 살 수 있는 방법을 연구할 것입니다.

누구나 보다 더 발전하며 나아갈 수 있는 방법을 찾을 것입니다. 따라서 나는 여러분이 뒤에 처져 가만히 그 자리에 있지 말고 선두 대열에 서기를 촉구합니다. 경험으로 얻은, 생활에 도움이 되는 것들이 많습니다. 다음과 같은 것들은 자존심이 있다면 꼭 해야 할 일들입니다.

지불할 수 없는 물건을 사지 않으면서 빚은 능력껏 빨리 갚아야 합니다. 식구들에게 존경받을 수 있도록 식구들을 잘 보살펴야 합니다. 만약 신(神)께서 일찍 부르실 경우에 재산 분배에 관한 유언장을 만들어 두어야 합니다. 불행을 당한 사람들에게 동정을 보이고, 적당한 한도 안에서 그들을 도와주어야 합니다. 친한 사람들에게 사려 깊게 행동해야 합니다.

따라서 얄팍한 지갑에 대한 일곱 번째 마지막 구제책은 나의 능력을 개발하고 공부하고 슬기로워지며, 보다 기술을 발전시키고 자신이 존경받는 행동을 해야 한다는 것입니다. 그렇게 하면 가슴속에 간직한 희망을 달성할 자신이 생기게 됩니다.

이런 것들이 내 오랜 그리고 성공한 인생 경험에서 나온 얄팍한 지갑에 대한 일곱 번째 구제책으로 부자가 되고 싶은 모든 사람들에게 내가 권하는 방법입니다.

여러분, 바빌론에는 여러분이 상상하는 이상으로 돈이 많이 있습니다. 모두가 다 가질 만큼 충분합니다. 어서 이 규칙대로 해 보십시오. 자연히 부자가 되고 번창하게 될 것입니다. 어서 가서 폐하의 아끼는 모든 백성들에게 우리 이 사랑하는 도시의 풍요한 부를 마음껏 나누어 가질 수 있도록 이 사실을 가르쳐 주십시오."

part. 4

행운의 여신을 만나

"사람이 운이 좋으면 행운의 정도를 예측할 수 없다. 그런 사람은 유프라테스 강에 집어 넣어도 십중팔구 손에 진주를 들고 헤엄쳐 나온다."

바빌로니아 속담

행운을 누리고 싶다는 소망은 다 같습니다. 우리 현대인의 소망이 그러하듯이 사천 년 전 고대 바빌론 사람들의 간절한 소망도 그것이었습니다. 우리는 누구나 다 변덕이 심한 행운의 여신이 자신을 편들어 주기를 바랍니다.

행운의 여신을 만나 그녀의 호의에 찬 관심과 너그러운 호의를 받을 수 있는 방법이 없을까? 행운을 끌어내는 방법이 없을까? 이것이 고대 바빌론 사람들이 알고 싶어한 것이었습니다. 그리고 한번 알아봐야겠다고 결정한 것이었습니다.

그들은 영리하고 생각이 빠른 사람들이었습니다. 그랬기 때문에 바빌론은 당대의 가장 풍요한 도시, 가장 막강한 도시로 남을 수 있었습니다.

그 먼 옛날 그들 나라에는 학교나 대학 같은 것이 없었습니다. 그럼에도 불구하고 학습의 중심지가 있었고 그것은 매우 활용이 잘 되었습니다. 바빌론의 우뚝우뚝 솟은 건물들 틈에는 궁전과 궁전 정원과 신전 외에, 중요성을 인정해 주는 건물이 하나 더 있었습니다.

역사책에도 거의 없으며, 아니 전혀 있지 않을 가능성이 크지만, 그러면서도 그것은 당대의 사상에 큰 영향력을 행사했습니다.

이 건물은 학문의 전당으로 자원 교사들이 선현의 지혜를 가르치고 흥미로운 주제들을 토론하는 광장이었습니다. 이 안에서는 누구나 동등했습니다. 가장 낮은 신분의 노예라도 여기서는 왕자와도 의견을 달리할 수 있었고 그래도 벌을 받지 않았습니다.

이 학문의 전당을 자주 드나드는 많은 사람들 가운데 바빌론에서 가장 부자인 아카드라는 이름의 슬기로운 부자가 한 분이 있었습니다. 그에게는 그의 방이 따로 있어 여기서는 거의 매일 저녁 많은 사람들, 어떤 사람들은 늙었고, 어떤 사람들은 젊었고, 그러나 대부분은 중년층의 남자들이 모여, 흥미 있는 주제들을 가지고 토론하며 의견을 나누었습니다.

그러면 잠깐 행운을 얻는 방법에 대해 그들이 토론하는 것을 들어봅시다.

사막의 뽀얀 먼지 사이로 불같이 뜨거운 거대한 붉은 해가 막 서산 너머로 넘어가고 있을 때, 아카드는 매일 드나드는 그의 단위로 걸어왔습니다. 벌써 80여 명의 사람들이 바닥에 깐 작은 방석 위에 꽉 차게 앉아 있었습니다. 막 도착하는 사람들도 있었습니다.

"오늘 밤에는 무슨 주제로 토론을 할까요?" 아카드가 물었습니다.

잠시 침묵이 흐르고 키 큰 베틀장이가 관례대로 일어서며 말했습니다.

"한번 토론을 해봤으면 하는 주제가 하나 있긴 합니다만, 아카드 선생과 여기 모이신 여러분들께서 다 비웃으실까 봐 말씀을 못드리겠습니다."

아카드를 비롯한 다른 사람들이 어서 얘기해 보라는 재촉에 못이겨 그는 이렇게 말을 꺼냈습니다.

"오늘 저는 운 좋게 지갑을 하나 주웠는데, 그 지갑 안에는 돈이 가득 들어 있었습니다. 이렇게 계속 행운이 찾아왔으면 하는 것이 제 간절한 소망입니다. 다른 사람들도 다 나와 같은 바람을 갖고 있을 것이므로, 오늘 우리는 어떻게 하면 행운의 여신을 만나 행운을 잡을 수 있는지를 토론해 보는 것이 좋겠습니다."

"참 재미있는 주제로군요. 토론할 만한 주제이기도 하구요. 어떤 사람들에게는 우연처럼 아무 목적이나 이유 없이 행운이 단한번 찾아왔습니다. 또 어떤 사람들은 우리의 재물의 여신 아쉬타께서 자기에게 즐거움을 주는 사람들에게 상을 내리고 싶어

하기 때문이라고 믿습니다. 그러면 여러분, 행운이 우리 모두에게 찾아오도록 할 수 있는 방법이 없나 알아보기로 하면 어떻겠습니까?"

"네, 좋습니다!"

청중이 늘어난 강당에서는 큰 함성이 일었습니다. 그러자 아카드는 이렇게 계속했습니다.

"우선 여러분들 가운데 베틀장이처럼 내 쪽의 아무 노력 없이 값진 재화나 보석을 줍거나 받은 비슷한 경험을 하신 분이 있습니까?"

모두들 누군가가 대답하기를 기다리며 잠시 침묵이 흘렀으나 아무도 대답하는 사람이 없었습니다.

"아니, 아무도 안 계십니까? 그럼 이런 것은 아주 드문 행운이군요. 그럼 어디 가서 우리가 그 방법을 찾아야 할지 누구 좋은 의견이 있는 분은 안 계십니까?"

"저 있습니다."

옷을 잘 차려입은 한 청년이 일어서면서 말했습니다.

"행운이라고 하면 자연적으로 생각이 도박 쪽으로 흐르는 것이 당연하지 않습니까? 많은 사람들이 여신께서 많이 딸 수 있도록 복을 내려 주시기를 바라는 곳이 거기 아닙니까?"

그가 자리에 앉자 누군가가 소리를 쳤습니다.

"왜 그만 두시오! 얘기를 계속해 보지! 그래 도박판에서 여신들의 복을 당신은 받았소? 여신께서 주사위의 빨간 쪽을 뒤집어 계속 지갑이 두툼하게 해주었소, 아니면 계속 파란쪽만 나오게 해서 힘들어 번 은냥을 업주가 다 긁어가 버리게 했소?"

청년도 같이 따라 웃더니 이렇게 대답했습니다.

"여신께서는 내가 있은 것조차 모르셨을지도 모른다는 점에는 반대하고 싶지 않습니다. 그러나 여러분은 어떻습니까? 여러분은 그런 곳에서 여신이 기다렸다가 여러분 편으로 주사위가 나오게 하는 것을 보셨습니까? 예를 들어 얘기한 것뿐입니다."

"좋은 얘기입니다. 우리가 여기 모인 것은, 각 질문의 여러 면을 다 살펴보고자 하는 데 있습니다. 도박판을 무시한다는 것은 모든 사람이 공통적으로 느끼는 본능, 작은 자본을 밑천으로 많은 돈을 얻을 수도 있다는 희망을 무시하는 것과 같습니다."

또 한 방청객이 일어나 말했습니다.

"그 말씀을 하시니까 바로 어제 경마장에서의 일이 생각나는군요."

"여신께서 도박장에 자주 오신다면 금빛 마차와 거품을 물은 말이 흥분을 자아내는 경마장에 안 오실리는 없겠지요? 그런데 아카드 선생, 솔직히 어저께 여신께서 선생께 니느웨 출신의 그 회색말에 걸라고 옆에 와서 속삭이시지 않으셨는지요? 전 선생 바로 뒤에 서 있다가 선생께서 그 회색말에 걸겠다는 말씀을 듣고 제 귀를 의심했습니다. 이 선생께서도 어느 누구와 마찬가지로 공정한 경기에서라면 앗시리아의 어느 팀도 우리의 그 사랑스러운 적갈색 말을 이길 수 없다는 것을 아셨을 테니까요.

마지막 회전 지점에서 안쪽의 검정말이 넘어지면서 우리의 말들을 방해해 회색말이 경기에 이기고, 뜻하지 않은 승리를 안겨다 줄 거라고 여신께서 선생의 귀에다 대고 귓속말을 해주신 것이 아닌지요?"

아카드는 이 악의 없는 농담에 관대하게 웃었습니다.

"어찌 선량하신 그 여신께서 한낱 경마장에서의 내기에 그렇게 관심이 많다고 할 수 있겠습니까? 내게는 여신은 사랑과 위엄의 여신으로 어려운 사람들을 도와주고 그만한 보답을 받아야 할 사람들에게 상을 내리시는 것을 즐거움으로 아시는 분입니다. 나는 돈을 따기보다는 잃기를 많이 하는 도박장이나 경마장에서보다는 보다 가치 있는, 그리고 보다 상 받을 일을 한 사람들이 있는 다른 곳에서 여신을 찾습니다.

농사를 짓고, 정직하게 장사를 하고, 그밖에 모든 다른 직업에 땀과 노력으로 이득을 볼 기회가 있습니다. 때로 판단이 잘못되고, 또 때론 바람과 날씨가 노력을 헛되이 함으로써 항상 보답받지는 못할지도 모릅니다. 그러나 계속한다면 보통은 이익을 예상할 것입니다. 이것은 이득의 기회가 항상 그의 편에 있기 때문입니다.

그러나 어떤 사람이 도박을 할 때 상황은 정반대가 됩니다. 왜냐하면 이득의 기회는 항상 그에게 등을 돌리고 있고 항상 도박 업주에게로 향해 있기 때문입니다. 도박은 항상 업주에게 이득이 되도록 되어있습니다. 도박꾼들이 거는 돈에서 이익을 봐야 하는 것이 그들의 장사입니다. 도박꾼들 중에서 업주의 이익은 얼마나 확실하고 그들 자신이 딸 기회는 얼마나 불확실한가를 알고 있는 사람은 거의 없습니다.

예를 들어, 주사위로 하는 노름의 경우를 생각해 봅시다. 주사위를 던져서 위쪽에 나타나는 것에 따라 돈을 걸고 노름을 합니다. 그것이 빨간 쪽일 경우, 업주는 우리가 건 돈의 네 배를 주어야 합니다. 그러나 나머지 다섯 행운의 여신을 만나서 그중의 어느 하나가 위쪽으로 나타난다면 우리는 건 돈을 잃고 맙니다.

따라서 이 숫자는 던질 때마다 우리가 잃을 기회는 다섯입니다. 그러나 빨간 쪽이 하나지만 네 배를 주기 때문에 딸 기회는 네 번입니다. 하룻밤의 노름에서 업주는 판돈 중 5분의 1은 이득을 볼 수 있습니다. 아무리 운이 좋아도 건 돈의 5분의 1은 잃게 되어 있는 이런 방법에 딸 수 있다고 생각할 수 있습니까?"

"그래도 많은 돈을 따는 사람들이 종종 있지 않습니까?"

"그렇지요. 그런 사람들도 있습니다. 그러나 이런 식으로 번 돈이 그토록 운이 있는 사람에게 영구한 가치를 줄 수 있느냐 하는 의문이 생깁니다. 내가 아는 사람들 중 바빌론에서 성공했다는 사람들이 많지만 그런 식으로 시작해서 재산을 모았다는 사람은 단 한 사람도 없습니다.

오늘 여기 모이신 여러분들께서도 재산 가진 사람들을 더 많이 알고 계실 것입니다. 성공한 우리 시민들 중에 처음에 이런 식으로 시작한 사람이 과연 얼마나 되는지 저도 무척 알고 싶습니다. 아시는 분 계시면 여러분도 한번 말씀해 보십시오. 자, 어느 분이?"

긴 침묵이 흐르고 누군가가 농담 한 마디를 던졌습니다.

"그 질문 속에 도박업주도 들어갑니까?"

"아무도 생각이 안 나시면. 여러분들 중에 아무도 그런 사람을 알고 있지 못하다면, 그렇다면 여러분 자신은 어떻습니까? 이 자리에 계신 분들 중에는 도박에서 따시기만 하는 분이 계셔 그 비결을 우리에게 못 가르쳐주겠다고 하시는 분이 계십니까?"

그의 물음에 사람들은 웅성거리더니 이내 웃음으로 답했습니다.

"여신께서 자주 드나드시는 그런 곳에는 행운이 있지 않은 듯 싶습니다."

그는 이렇게 계속했습니다.

"따라서 다른 곳에서 한번 찾아봅시다. 길에서 주운 지갑에서도 그것을 찾지 못했습니다. 도박판에서도 아닙니다. 경마장에서도 솔직히 말해 따기보다는 잃은 돈이 더 많습니다. 그럼 우리의 직업과 장사를 생각해 봅시다. 장사를 해서 이득이 남았다면 그것이 운이 아니고 우리 노력의 대가일 뿐이라고 하는 것은 어떻습니까?

나는 우리가 여신의 선물을 간과하고 있다는 생각이 듭니다. 사실은 우리가 여신의 은혜를 느끼지 못할 때, 여신은 우리를 도와주고 계십니다. 여기에 관련해서 무슨 다른 의견 없으십니까?"

그러자 한 나이 많은 상인이 값진 흰 망또를 쓰다듬으며 일어났습니다.

"존경하옵는 아카드 선생과 우리 친구들. 여러분들의 허락을 바라며 한 가지 제언할 것이 있습니다. 선생께서 말씀하신 대로 우리가 사업에 성공한 것을 우리의 근면과 능력에 돌린다면 우리가 누릴뻔 했다가 놓친 성공의 기회, 그랬더라면 정말 크게 이득이 되었을 그런 경우는 왜 생각해 보지 않습니까? 실제로 그일이 일어났더라면 그야말로 행운의 희귀한 기회였을 것입니다.

우리가 성취하지 못했기 때문에 그것을 단순히 보상이라고는 명할 수 없을 것입니다. 물론 여기 계신 많은 분들이 이런 경험을 하셨을 것입니다."

"아주 좋으신 말씀입니다. 여러분 중에 행운이 굴러들어왔는데 그냥 놓쳐 버리신 분 계십니까?"

많은 손이 올라갔고, 그 중에는 그 상인도 끼어 있었습니다. 아카드는 그를 지적하며 청했습니다.

"노인께서 하신 말씀이니까 먼저 그 얘기부터 들려주시지요."

"내 기꺼이 얘기하리다. 행운이 얼마나 내게 가까이 찾아왔다 내가 그냥 가게 내버려 두어서 손해를 본 것을, 물론 나중에는 사무치게 후회한 얘기를 벌써 오래 전 젊었을 시절 갓 결혼하여 벌이의 시발점에 섰던 어느 날, 하루는 아버지께서 오셔서 한 군데 투자를 해보도록 강력히 종용하셨습니다.

아버지의 친한 친구분 중의 한 분 아들이 성 밖 그리 멀지 않은 곳에 좋은 대지를 하나 확보했다는 것이었습니다. 수로에서 높이 올라간 곳이라 물이 올라가지 않았습니다.

아버지 친구분의 아들은 이 땅을 사서 황소가 움직이게 하는 세 개의 대형 물수레를 만들어 그것을 통해 그 옥토에 생명수를 대겠다는 것이었습니다. 이것이 되면 그는 땅을 나누어 약초 재배지로 만들어 성 주민들에게 팔 작정이었습니다.

친구분의 아들은 이 일을 할 만큼 자본이 충분하지 않았습니다. 나처럼 그저 그렇게 버는 젊은이였습니다. 그의 아버지도 우리 아버지처럼 대가족을 두고 계셔 재산이 없었습니다. 따라서 그는 몇몇 동업자를 구해 같이 하기로 했습니다. 열두 명이 제각기 자기 수입의 10분의 1씩 땅을 살 때까지 투자하기로 했다는 것입니다. 그 다음에는 그 투자액의 비율로 이윤을 나눠 갖기로 했습니다.

'애야, 넌 아직도 팔팔하게 젊다.' 아버지는 내게 이렇게 말씀하셨습니다.

'네가 앞으로 존경받는 인물이 되도록 재산을 많이 가졌으면 하는 것이 나의 간절한 소망이다. 나는 네가 이 애비의 무분별한 전철을 밟지 않기를 바란다.'

'저도 간절히 바라는 바가 그것입니다. 아버지.' 나는 이렇게 대답했습니다. '그렇다면 내 이렇게 충고하마. 네 나이에 내가 했었어야 할 일을 하거라. 네 수입에서 10분의 1씩을 떼어 투자를 해라. 이 네 수입의 10분의 1로, 그리고 그로 인해 들어 오는 수입으로 너는 내 나이가 되기 전에 정말 큰 재산을 모을 것이다.'

'좋으신 말씀이옵니다, 아버지. 저도 간절히 원하는 것이 부자가 되는 것이옵니다. 그러나 돈 들어갈 곳이 너무 많습니다. 그래서 아버지께서 충고해 주시는 대로 하기가 어렵습니다. 그리고 아직 시간은 많습니다.'

'나도 네 나이에 그랬다. 그러나 보아라. 세월이 수십 년 흐르고 난 지금 나는 아직 시작도 하고 있지 못하지 않느냐.'

'아버지 세대와는 달라요. 아버지의 실수를 되풀이하지는 않아요.'

'얘야, 기회는 지금이다. 부자가 될수 있는 좋은 기회야. 제발 미루지 말거라. 내일 그 친구 아들에게 가서 네 수입의 10분의 1을 거기에 투자하겠다고 계약을 해라. 내일 즉시 가거라. 기회는 사람을 기다리지 않는다. 오늘 여기 왔다가 금방 가 버리는 게 기회야. 그러니 미루지 마라!'

아버지의 충고에도 불구하고 나는 머뭇거렸습니다. 동쪽 나라에서 가져왔다는 아름다운 새 망또가 바로 우리 앞에 있었습니다. 아내와 내가 꼭 하나씩 가져야 할 화려하고 아름다운 그런 옷이었습니다.

내가 내 수입의 10분의 1을 그 사업에 투자한다면 이것과 그 밖에 우리가 간절히 바라는 다른 것들을 포기해야 할 상황이었습니다.

나는 결정을 늦추었고 결국 때를 놓쳐 그 결과 나는 비통한 후회를 하게 되었습니다. 그 사업은 어느 누구의 예상보다도 이윤이 컸습니다. 이것이 내게서 행운이 도망가 버린 나의 얘기입니다."

"이 얘기에서 우리는 행운은 기회를 받아들이는 사람에게 온다는 것을 보는군요."

사막에 사는 한 거므스름한 사내가 말했습니다.

"재산 축적에는 항상 시초가 있어야 합니다. 그 시초는 자기 수입에서 첫 투자로 흘려놓는 금이나 은 몇 냥일 수도 있습니다. 나도 많은 가축을 치고 있는 사람입니다. 이것은 처음엔 내가 아직 소년이었을 때 은 한 냥을 주고 산 새끼송아지에서부터 시작한 것입니다. 이것이 내 재산의 첫걸음이었기 때문에 내게는 대단히 중요한 것이었습니다.

처음 재산의 축적의 시초는 행운이 누구에게나 찾아오는 것과 같습니다. 힘들게 버는 사람에서 돈이 벌어주는 것의 배당을 받는 사람으로 변화하는 이 첫 단계는 누구에게나 중요합니다. 다행히 어떤 사람들은 젊어서 이것을 잡아 나중에 늦게 잡거나 아니면 아까 그 상인의 아버지처럼 전혀 한 번도 잡아 보지 못한 불운한 사람들보다 경제적으로 성공에 앞섭니다.

우리의 친구 그 상인이 이런 기회가 주어졌을 때 일찍이 그랬더라면 오늘날 그는 이 세상의 보다 많은 재화로 복을 누렸을 것입니다. 우리 친구 베틀장이의 행운도 그 때에 그런 단계를 취하게 하는 기회였더라면 정말 더 큰 재물의 시초가 되었을 것입니다."

"고맙습니다! 나도 한 마디 하고 싶습니다."

다른 나라 사람인 낯선 사람이 일어섰습니다.

"나는 시리아 사람입니다. 이 나라의 말을 잘하지 못합니다. 그런데 이 상인 친구에게 이름을 붙여 주고 싶습니다. 이 이름이 조금 점잖지 못하다고 생각하실지 모르겠습니다. 그러나 아무튼 그렇게 부르고 싶습니다. 그러나 불행하게도 이 나라의 말로 그 단어에 해당하는 말을 모릅니다. 내가 시리아어로 그것을 말하면 여러분이 못알아 들으실 것입니다. 하오니 여기 계신 신사 여러분, 자기에게 크게 이익이 될 일을 늦추는 사람을 무어라고 부르는지 정확한 이름을 대 주십시오."

"꾸물쟁이!"

누군가가 소리쳤습니다.

"바로 그것입니다."

시리아인은 흥분해서 손을 흔들며 외쳤습니다.

"찾아온 기회를 받아들이지 않는 사람입니다. 기다립니다. 지금은 다른 할 일이 많다고 말합니다. 다시 말씀드립니다. 기회는 이렇게 느린 친구를 기다리지 않습니다. 기회는 어떤 사람이 행운을 바란다면 즉각 행동할 것이라고 생각합니다. 기회가 왔을 때 즉각 행동하지 않는 사람은 우리 친구 이 상인처럼 대단히 꾸물쟁이입니다."

상인은 일어나서 심성 좋게 폭소에 답례로 고개를 숙였습니다.

"다른 나라에서 오신 외국분이신데도 솔직하게 말씀하시니 경의를 표합니다. 그럼 또 다른 경우의 얘기를 들어봅시다. 누구 또 다른 경험이 있으신 분 안 계십니까?"

"저요."

중년의 붉은 망또를 입은 사내가 대답했습니다.

"저는 가축 상인입니다. 주로 낙타와 말을 팔고 사지요. 양과 염소도 취급하긴 합니다. 지금부터 제가 하는 얘기는 꿈에도 예상치 않았던 기회가 하룻밤 사이에 찾아왔다 가버린 진짜 얘기입니다. 그 기회를 놓쳐 버린 이유는 이렇습니다. 판단은 나중에 여러분이 내리십시오.

낙타를 찾아 십 일을 돌아다니다 별 소득이 없이 어느 날 성으로 돌아왔는데 재수 없게도 성문은 벌써 닫혀 잠겨 있었습니다. 나의 종들은 밤을 지새울 천막을 치고 양식도 물도 없어 이리저리 찾고 있는데 역시 성문이 잠겨 들어가지 못한 한 늙은 농부 같아 보이는 한 사람이 다가왔습니다."

'선생! 차림새를 보아 선생께서는 가축을 사는 분인듯 싶습니다. 그렇다면 지금 막 몰고 온 저 아주 좋은 양 떼들을 선생께 팔았으면 합니다. 사실은 제 사랑하는 아내가 매우 위독하답니다.

그래서 급히 돌아가야 할 상황입니다. 그러니 저와 제 종들이 낙타를 타고 곧 돌아갈 수 있도록 제 양들을 사 주십시오!'

어두워서 양 떼의 모습은 보이지 않았지만, 그러나 울음소리로 미루어 매우 큰 양들임을 알 수 있었습니다. 십 일을 헤매고도 낙타를 사지 못했으므로 지쳤던 나는 아주 다행으로 생각했습니다.

급한 그는 아주 저렴한 가격을 불렀습니다. 나는 날이 밝아 성 안으로 몰고 가면 틀림없이 큰 이익을 남기고 팔 수 있을 것이므로 동의를 했습니다.

흥정이 매듭되고 나는 노예들에게 횃불을 가져와서 그 농부가 말한 구백 마리라는 양의 수를 헤아리라고 명했습니다. 움직이고 빙빙 도는 그 많은 양 떼들을 센다는 것이 얼마나 힘든 일인지는 굳이 설명하지 않아도 잘 아실 것입니다. 도저히 불가능했습니다. 그래서 나는 퉁명스럽게 농부에게 날이 밝으면 세어보고 그때 돈을 주겠다고 했습니다.

'그러면 선생님! 오늘 밤 저만이라도 갈 수 있게 대금의 3분의 2만 지불해 주시지요. 제 종 중에서 제일 영리하고 배운 자로 하여금 아침에 양 세는 일을 도와드리게 하고 갈테니까요. 믿을 수

있는 종이니까 그 자에게 나머지 대금을 보내주시지요!'

그러나 나는 고집을 부리면서 그날 밤으로는 돈을 지불 못하겠다고 거절을 했습니다. 다음 날 아침 잠이 깨었을 때 성문은 열렸고, 네 명의 장사가 그 양 떼들을 사려고 달려들었습니다.

마침 성 안은 포위 상태의 위협을 받고 있어 식량이 부족했기 때문에 그들은 서로 비싼 가격에라도 사려고 난리들이었습니다. 그 농부는 내게 불렀던 액수의 거의 세 배를 받고 양 떼들을 팔았습니다. 이렇게 해서 보기 드문 행운은 날아가 버리고 말았습니다."

"아주 흥미 있는 얘기이군요. 그래 어떤 지혜를 얻었나요?"

"매매가 이익이다 싶으면 빨리 돈을 지불해야 한다는 지혜지요."

덕망이 높은 안장 제조업자가 말했습니다.

"이익이다 싶으면 다른 사람 말은 물론 내 자신의 약한 마음까지도 무시해야 합니다. 우리 인간은 변하기 쉽습니다. 옳지 못할 때보다는 옳을 때, 마음을 바꾸기가 더 쉽습니다. 옳지 못할 때 우리의 고집은 대단합니다. 그런데 옳을 때는 변덕을 부리며 기회를 놓치기 쉽습니다.

첫 번 판단이 가장 옳습니다. 그런데도 저는 항상 이익이 되는 매매 때에는 나 자신을 믿고 나가기가 어려운 것을 발견합니다. 그래서 저는 다시 변덕이 생기기 전에 얼른 결정을 해버립니다. 그러니까 나중에 좋은 기회였던 것을 놓치고 후회하는 일이 별로 없습니다."

"고맙습니다! 저도 또 말할 것이 있습니다."

그 시리아 사람이 다시 일어섰습니다.

"비슷한 얘기입니다. 같은 이유로 매번 기회가 달아나 버립니다. 매번 기회는 좋은 계획을 갖고 꾸물거리는 사람에게로 찾아오지 않습니다. 지금이 바로 최상의 시기로 그것을 해야겠다고 하지 않고 주저합니다. 그래서야 어떻게 성공할 수 있겠습니까?"

"옳으신 말씀입니다."

상인이 말했습니다.

"이 두 얘기가 다 꾸물거리다 행운을 놓친 얘기입니다. 그러나 평범한 얘기는 아니군요. 꾸물거리는 습관은 누구에게나 있습니다. 우리는 부를 바랍니다. 그러나 기회가 우리 앞에 나타날 때마다 우리 안에 있는 그 꾸물거리는 습관은 여러 가지로 우리가 그것을 받아들이는 것을 지체시킵니다. 그 소리에 귀를 기울이다 보면 우리는 가장 나쁜 우리 자신의 적이 되어 버리고 맙니다.

젊었을 때 저는 시리아에서 오신 우리 친구분이 즐겨 쓰는 이 말을 느끼지 못했습니다. 여러 번 사업에 실패한 것을 나는 단순하게 판단을 잘못했기 때문이라고 생각했습니다. 나중에는 내 완고한 고집 때문이라고 탓을 했습니다.

그러다가 마침내 알았습니다. 급히 판단을 내리고 행동해야 할 때에 쓸데없이 늦추는 습관 때문이었습니다. 그걸 알고 저는 얼마나 화가 났던지요. 말 안 듣는 노새를 마차에서 떼어 버리듯 나도 내 성공의 이 적을 떼어 내팽개쳤습니다."

"고맙습니다! 상인님께 질문이 있습니다." 사마리인이 말했습니다.

"상인님은 우리 가난한 사람들은 입지 못하는 아주 좋은 옷을 입으셨습니다. 말씀하시는 품도 성공하신 분답구요. 그럼 상인님께서는 꾸물거리는 습관이 나올 때마다 어떻게 하셨습니까?"

"아까 우리 그 친구분처럼 나도 꾸물거리는 습관을 인정하고 그것을 정복해야 했습니다. 제게는 그것이 제 목적이 망치기를 지켜보고 기다리는 적으로 판단이 되었습니다.

제가 말씀드린 것은 그것 때문에 어떻게 기회를 놓쳤는가 하는 일례일 뿐이지, 그 비슷한 경우는 수없이 많았습니다. 일단 이해만 되면 이것을 이기기는 어렵지 않습니다.

도둑이 곡식 자루를 훔쳐 가게 놓아 둘 사람은 없습니다. 적이 나의 고객을 몰아내고 나의 이익을 훔쳐 가게 그냥 둘 사람은 없습니다. 나는 일단 그러한 행동이 나의 적으로 생각되자 단호히 그것을 정복했습니다. 그러니 바빌론의 풍부한 보물을 가지려고 하기 전에 사람은 누구나 자신의 주춤거리는 습관을 먼저 다스려야 합니다.

아카드 선생님, 어떻습니까? 선생은 바빌론에서 제일가는 부자이기 때문에 많은 사람들이 선생이 운이 가장 좋은 사람이라고들 합니다. 선생도 사람이 자기 안에 꾸물거리는 습관을 완전히 분쇄하기 전에는 완전한 성공에 이룰 수 없다는 제 말에 동의하십니까?"

"말씀하신 대로입니다. 평생을 살아오면서 저는 대대로 장사,

기술, 학문 등 인생의 여러 분야의 성공을 향해 노력하는 사람들을 보아왔습니다. 기회는 모든 사람에게 다 왔습니다. 어떤 사람들은 그것을 잡고 깊은 만족을 느꼈지만 대부분의 사람들은 머뭇거리다 넘어지고 실패했습니다."

아카드는 베틀장이 쪽으로 눈을 돌렸습니다.

"행운에 대해 얘기해 보자고 하셨지요. 자, 그럼 이제 선생께서는 행운을 어찌 생각하시는지요?"

"나는 행운을 다른 면에서 봅니다. 나는 그것이 아무 노력 없이 그냥 우연히 어떤 사람에게 찾아오는 것으로 생각해 왔습니다. 그러나 이제는 행운이 자기에게로 올 수 있는 것이 아님을 깨달았습니다.

토론을 통해 행운을 얻기 위해서는 기회를 이용해야 한다는 것을 알았기 때문입니다. 따라서 앞으로 나는 내게 다가오는 그런 기회들을 최대한 이용하려고 노력할 것입니다."

"토론 가운데 잡히는 진실을 잘 파악하셨군요. 우리가 보듯이 행운은 기회를 따라오기도 하지만 그렇지 않고서는 길이 없습니다. 우리의 상인 친구분도 행운의 여신이 내민 기회를 잡았더라면, 그 행운을 맛보았을 것입니다. 또 한 분도 마찬가지로 가축 떼를 사서 이윤을 크게 남기고 팔았더라면, 행운을 잡았을 것입니다."

"우리가 이 토론을 한 것은 행운을 잡을 수 있는 방법을 찾기 위한 것이었습니다. 이제는 그 방법을 찾았다고 봅니다. 이 두 얘기는 다 행운이 어떻게 기회를 따라 오는가를 보여줍니다. 많은 비슷한 행운에 대한 얘기에서 빼놓을 수 없는 진리가 하나 나옵니다. 그것은 '행운은 기회를 잡는 데서 생긴다'는 것입니다.

더 나아지기 위해 기회를 잡는 데 열심인 사람은 행운의 여신의 이득을 봅니다. 행운의 여신은 자기를 즐겁게 해주는 사람을 돕고싶어 합니다. 인간의 행동은 여신을 가장 즐겁게 합니다."

"행동은 내가 바라는 성공으로 이끌어 줄 것입니다."

part. 5

돈의 다섯 가지 법칙

66 금화가 가득 든 자루 하나와 지혜의 말이 새겨진 글자판 하나

가 있을 때 그대들은 어느 것을 선택하겠느뇨?"

사막 덤불로 피운 흐린 모닥불 빛 아래 검게 탄 얼굴을 하고 둘러 앉은 사람들은 귀가 번쩍했습니다.

"금화요, 금화요."

스물 일곱 명이 합창을 했습니다.

칼라바브 노인은 알겠다는 듯이 미소를 지었습니다. 그는 손을 올려 가리켰습니다.

"밤에 활동하는 저 들개들의 소리를 들어보게. 굶주려 울부짖고 있지 않나. 그러나 저들에게 먹을 것을 주어 보게. 어떻게 하나? 싸우고 뛰어다니고 할 걸세. 금방 다가올 내일은 생각지 못하고 길길이 날뛰고 싸우고 할 걸세.

인간도 마찬가지네. 부와 지혜 중에 선택하라고 해보세. 어떻게 하나? 지혜는 무시해 버리고 돈은 탕진해 버리지. 그 다음 날이면 또 돈이 없다고 아우성일 걸세. 부는 그 법칙을 알고 그에 따라 사는 사람에게만 머무는 걸세."

차가운 밤바람에 칼라바브는 하얀 망토 자락을 잡아 야윈 다리를 감쌌습니다.

"그대들은 이 긴 여행 동안 충직하게 나를 섬겼고, 내 낙타를 잘 돌보아 주었고, 뜨거운 사막 횡단에도 아무 불평 없이 고생해 주었고, 도둑 떼들을 막아 용감히 싸워 주었기 때문에, 내가 오늘 밤 그대들이 한 번도 들어본 적이 없는 얘기, 돈의 다섯 가지 법칙 얘기를 들려주겠노라.

내가 하는 말을 주의해서 잘 듣기 바라네. 그 의미만 파악하고 거기에 조심하면 언젠가는 많은 재산을 모을 수 있을 걸세."

그는 진지하게 잠시 말을 멈추었습니다. 머리 위로는 수정같이 맑은 바빌로니아 하늘에 별들이 초롱초롱 밝게 비치고 있었습니다. 뒤로는 사막의 돌풍에 대비해 깊이 말뚝을 박아 설치한 낡은 천막이 드리워져 있었습니다.

천막 옆으로는 가죽으로 덮어 놓은 상품더미가 쌓여 있었습니다. 가까운 모래 위에서 낙타들은 열심히 되새김질을 하고 있었고 코를 심하게 골며 자고 있었습니다.

"칼라바브 노인장께서는 우리에게 많은 유익한 얘기를 들려주셨습니다. 우리는 노인장 밑에서 일할 날이 끝나는 내일을 위해 노인장의 지혜를 많이 구하고 있습니다."

마부장이가 말했습니다. "내가 한 얘기는 먼 이상한 나라에서 내가 겪었던 일들이었지. 그러나 오늘은 아카드라는 아주 지혜로운 부자의 지혜를 들려주겠네."

마부장이가 아는 표시를 했습니다.

"그 사람 얘기는 저희도 많이 들었습니다. 바빌론에서는 이제껏 그 사람보다 부자가 없었으니까요."

"제일 부자지. 돈을 모으는 데 있어선 그 누구도 그 사람을 따라가지 못했지. 오늘 밤에 내가 그대들에게 들려 줄 얘기는 벌써 오래전 내가 어려서 니느웨에 있을 때 그의 아들 노마시로부터 들은 큰 지혜의 얘기야.

우리 주인과 나는 밤새 길을 걸어 노마시의 궁전에 다다랐었지. 노마시가 마음에 드는 색깔을 고르도록 나는 주인님을 도와 좋은 양탄자 두루마리를 날랐지.

마침내 그는 만족해서 골랐고, 같이 앉아서 차를 한 잔 하자고 했어. 아주 향기롭고 뱃속이 훈훈해지는 차였지. 아무 데서나 먹을 수 있는 그런 게 아니었어. 그리고는 내가 그대들에게 들려 줄 그의 아버지 아카드의 위대한 지혜에 관한 이 얘기를 들려주었어.

아다시피 바빌론에서는 부자의 아들들은 아버지 밑에서 살다가 나중에 그 유산을 물려받는 것이 풍습이었지.

그런데 아카드는 이 풍습을 따르지 않았어. 그래서 노마시가 성년이 되어 가자 그는 아들을 불러 이렇게 말했지.

'아들아, 나는 내 재산을 너에게 물려주는 것이 내 소망이다. 그러나 너는 먼저 그것을 잘 관리할 수 있는가를 보여주어야겠다. 그러니 너는 세상에 나가서 돈을 모으고 또 존경받는 사람이 될 수 있는 능력을 보여다오. 너의 출발을 돕기 위해서 젊은 시절 가난하게 재산을 모으기 시작했던 내게는 주어지지 않았던 두 가지를 제공해 주겠다.

하나는 이 돈 자루다. 이것은 잘 활용하면 성공의 밑거름이 되어 줄 것이다.

둘째로는 이 글자판을 하나 주겠는데, 그 위에는 돈의 다섯 가지 법칙이 새겨져 있다. 이것을 잘 지켜 행동으로만 옮길 수 있다면 그것은 너에게 능력과 안전을 보장해 주리라.

오늘부터 10년 후에 이 애비에게 다시 돌아와서 네 행적을 설명해 보아라. 네가 잘했다 싶으면 나는 너를 내 재산의 상속자로 삼으리라. 아니면 제사장들에게 주어 내 신들의 영전에 영혼을 위한 제물로 드리게 하리라.'

그래서 노마시는 돈 자루와 비단 천에 곱게 싼 글자판과 종을 데리고 말을 타고 길을 떠났지.

10년이 흘렀어. 약속대로 노마시는 집으로 돌아오고, 아버지는 그를 환영하기 위해 많은 친구들과 친척들을 초대해 큰 잔치를 베풀었지. 잔치가 끝나고 그의 아버지와 어머니는 큰 방 안 한 쪽 끝에 옥좌처럼 장식한 자리에 가서 앉고 노마시는 약속대로 지나온 일들을 아버지께 설명드리려고 그 앞에 섰어.

저녁이었지. 희미하게 켜진 등불 심지에서 기름 타는 냄새가 온 방 안에 은은하게 퍼졌지. 종들은 하얀 베옷을 입고 줄기가 긴 종려나무 잎으로 더운 방 안을 시원하게 부채질을 하고 있었어. 분위기는 엄숙했지. 노마시의 아내와 어린 두 아들 그리고 친구, 친척들은 열심히 귀를 기울이며 그 뒤에 앉아 있었어.

'아버지! 아버지의 지혜에 머리가 조아려집니다. 어른의 문턱에 선 10년 전 아버지께서는 저더러 아버지 재산의 멍청한 상속자가 되지 말고 나가서 사람들 틈에서 어른이 되어 돌아오라고 하셨습니다.

그러면서 금화를 마음대로 쓰게 주셨습니다. 지혜를 마음대로 쓰게 주셨습니다. 금화는 애석하게도! 정말 제가 잘못했습니다. 무경험의 소치로 말에 건 돈을 다 날려 버리고 말았습니다.'

그 아버지는 너그럽게 웃으셨어.

'계속해 보아라, 아들아. 네 얘기가 아주 재미있겠구나. 상세

히 얘기해 보아라.'

'저는 니느웨가 발전하고 있는 도시였으므로 거기 가면 그런 기회가 많을까 싶어 그리로 가기로 결정했습니다.

한 낙타 대상 무리에 끼어 거기서 많은 친구들도 사귀었습니다. 그 중에 말을 잘하는 두 사람이 있었는데, 그들은 바람같이 아주 빠른 훌륭한 백마를 하나 갖고 있었습니다.

같이 여행을 하면서 그들은 니느웨에 한 부자가 있는데, 그 부자가 갖고 있는 말은 하도 빨라서 당해 낼 말이 없다고 하는 얘기를 나에게 해주었습니다. 그 주인은 세상의 어떤 말도 자기 말을 이길 수 없다고 믿고 있었습니다. 따라서 그는 바빌론의 어떤 말도 이길 수 있다는 데 돈을 얼마든지 걸 거라고 했습니다. 우리 친구들 얘기로는 그들 말에 비하면 그것은 느린 노새 같아서 쉽게 이길 수 있다는 것이었습니다.

그들은 내게 큰 호의를 베푸는 것처럼 같이 돈을 걸어보지 않겠느냐고 했습니다. 나는 그냥 떠밀려 그 일에 합세했습니다.

우리 말은 형편없이 지고 나는 많은 금화를 잃었습니다.

나중에 저는 속은 것을 알고 그들이 낙타 대상을 상대로 계속 사기를 친다는 것을 깨달았습니다. 니느웨의 그 자도 한 패로 그들은 번 돈을 나눠가졌습니다. 이 교활한 사기 수법은 내 스스로 찾은 첫 번째 교훈이었습니다.

곧 또 하나 배우게 된 것도 그것만큼이나 쓴 것이었습니다. 낙타 대상에는 또 한 사람 아주 친하게 된 젊은 친구가 있었습니다. 그는 부잣집 아들로 나처럼 적당한 곳을 찾아 니느웨로 가는 길이었습니다.

우리가 도착하고 얼마 되지 않아 그는 한 상인이 죽었는데, 비싼 상품이 쌓인 가게와 단골 거래선까지 싸게 넘겨받을 수 있는 기회가 생겼다는 말을 했습니다.

똑같이 투자를 하되 그는 돈을 가지러 바빌론으로 돌아가야 되나까 우선 내 돈으로 그것을 사고 나중에 드는 돈은 그의 것으로 쓰기로 합의가 되었습니다.

그는 바빌론에 가는 날을 자꾸 미루었고, 그 동안에 나는 그가 형편없는 물건을 사들이고 돈을 물 쓰듯 쓰는 것을 알았습니다. 마침내 나는 그를 쫓아냈지만, 오래지 않아 우리는 팔리지 않는 물건만 지닌 채 다른 물건을 살 돈 한 푼 없게 되었습니다. 나는 그야말로 보잘것 없는 가격에 남은 것을 어떤 이스라엘 사람에게 넘겼습니다.

아버지, 곧이어 더 고통스러운 날들이 다가왔습니다. 일자리를 찾으려 했지만 무슨 기술이나 장사 수완이 없었으므로 그럴 수도 없었습니다. 저는 말을 팔았습니다. 종을 팔았습니다. 여분의 옷까지 팔아 먹을 것과 잠자리를 마련했지만, 나날이 궁색함은 더하기만 했습니다.

그러나 그 비참함 속에서도 아버지께서 저를 믿고 계신 것을 생각했습니다. 아버지께서는 사람이 되라고 저를 내보내 주셨고, 따라서 이것을 이룰 결심을 했습니다.'

그의 어머니는 고개를 묻고 흐느껴 울었어.

'이때 저는 아버지께서 돈의 다섯 가지 법칙이 쓰인 판을 주신 것이 생각났습니다. 그래서 저는 찬찬히 지혜의 말을 새겼고, 그제서야 처음부터 이 말에 귀를 기울였더라면 돈도 잃어버리지 않았을 것을 깨달았습니다.

나는 법칙 하나하나를 가슴 속에 새겨 두고 다시 한 번 행운의 여신이 내게 미소 짓는다면 이 지혜에 의지하지, 젊음의 무경험으로 행동하지 않을 것을 맹세했습니다.

오늘 이 자리에 계신 여러분들을 위해 저의 아버지께서 10년 전에 제게 주신 글자판에 새겨진 그 지혜를 읽어 드리도록 하겠습니다.

돈의 다섯 가지 법칙

1. 돈은 자기 장래를 위해 또 가족들의 장래를 위해 자기 수입의 10분의 1 이상을 떼어 저축하는 사람에게는 기꺼이 그리고 빨리 찾아와 늘어난다.

2. 돈은 그것을 이익이 되도록 굴리는 지혜로운 주인을 위해서는 부지런히 그리고 만족스럽게 일해서 들의 새 떼들처럼 불어난다.

3. 돈은 그 방면에 슬기로운 사람의 지혜에 따라 투자하는 조심스러운 주인에게는 보호가 된다.

4. 돈은 경험이 없거나, 혹은 보관에 기술이 있는 사람의 동의를 구하지 않은 채. 사업이나 어떤 일에 투자하는 사람에게서는

도망가 버린다.

5. 돈은 불가능한 벌이에 억지로 집어넣거나, 사기꾼이나 협잡꾼의 달콤한 말에 속아 넘어가거나, 자신의 무경험과 투자에 대한 낭만적인 환상에 따라 행동하는 사람에게서는 달아나 버린다.

이것이 제 아버지께서 주신 돈의 다섯 가지 법칙입니다. 저는 단언하거니와 이것이 돈 그 자체보다 더 큰 가치가 있다고 생각합니다. 제 얘기를 계속하면서 그것을 보여 드리겠습니다.'

그는 다시 아버지와 마주 바라보았어. '저는 아버지께 제 무경험으로 겪은 궁핍과 절망의 깊이를 말씀드렸습니다.

그러나 끝나지 않는 고난의 연속은 없었습니다. 성문 새 바깥쪽 성벽에서 종들을 관리하는 일을 맡고부터 고난도 끝났습니다.

돈의 첫 번째 법칙에 따라 저는 첫 번 수입에서 구리 동전 하나를 저축했고, 거기다 기회가 있을 때마다 더해 드디어는 은 한 냥이 되었습니다. 먹고 살아야 했으므로 거기까지도 오랜 시간이 걸렸습니다. 10년 안에 아버지께서 주신 돈만큼 벌어 놓아야 했으므로 저는 구두쇠처럼 돈을 아껴 썼습니다.

어느 날 꽤 친하게 된 노예장이 내게 이렇게 말했습니다.

'당신은 번 돈을 아무렇게나 쓰지 않는 검소한 젊은이군요. 벌지 않는 돈을 모으는 건가요?'

'예. 아버지께서 제게 주시고, 제가 잃은 것을 대신 드릴 만큼 돈을 모으는 것이 제 큰 소망입니다.'

'좋은 생각이긴 합니다만 그러나 당신이 저축해 놓은 돈이 당신을 위해 일해 더 많은 돈을 가져다주는 것은 모르시는지요?'

'제발! 전 아버지의 재산을 잃어버리고 고통스러운 나날을 보냈습니다. 이제 제 것도 또 그렇게 없애 버릴까 그것이 두렵습니다.'

그는 이렇게 말했습니다. '당신이 나를 믿어 준다면 내가 돈을 잘 관리하는 교훈을 하나 가르쳐 주겠소. 일 년 안에 바깥 성벽이 완성되면 적군이 쳐들어 올 것에 대비해 각 입구마다 커다란 청동 성문을 지을 계획이요. 이 니느웨에는 통틀어도 이 성문을 세울 청동은 없고, 왕은 아직 그것까지는 생각지 못하고 있소.

그래서 내 계획은 이렇소. 우리들이 돈을 모아서 먼 나라에 낙타 대상을 보내어 그것을 사오는 것이요. 그래서 성문에 쓰도록 니느웨에 갖다 놓는 거요. 왕께서 '큰 성문을 만들어라' 하면 우리가 단독으로 청동을 내놓고, 그러면 비싼 값에 팔 수 있을 거요. 설사 왕이 우리 구리를 사지 않는다 해도 적정한 가격에 보통으로 팔 수도 있어요.'

이 제의가 나는 셋째 번 법칙에 따라 지혜로운 사람의 지도하에 나의 저축을 투자할 수 있는 기회임을 알았습니다. 그것은 저를 실망시키지 않았습니다. 우리의 투자는 성공이었고, 그 사업으로 나의 적은 돈은 크게 불어났습니다.

나는 다른 투자 사업에서도 이들의 한 회원으로 인정을 받았습니다. 투자 사업에는 능숙한 사람들이었습니다.

그들은 사업 때마다 우선 시작하기 전에 충분히 의논을 했습니다. 자본을 잃거나 활용하지 못하게 될 곳에는 투자를 하지 않았습니다. 전에 무경험으로 뛰어들었던 경마나 장사같은 어리석은 행동은 그와 같은 고려가 없었기 때문입니다. 이들 같았으면 허점을 금방 지적해 냈을 것입니다.

이들과의 교제를 통해 나는 이득이 있는 사업에 안전하게 투자할 줄을 알게 되었습니다. 세월이 흐르면서 내 재산은 급격히 불어났고, 잃은 것만큼 뿐 아니라 그 이상이 모여졌습니다.

불운과 시행착오와 성공을 통해 저는 몇 번이고 돈의 다섯 가지 법칙을 시험해 보고, 매번 그것이 사실임을 알 수 있었습니다. 다섯 가지 법칙에 대한 지식이 없는 사람에게는 돈은 찾아오지 않을뿐더러 쉽게 떠나가 버립니다. 그러나 이 다섯 가지 법칙을 지키는 사람에게는 돈이 찾아오고 충직한 종으로 일합니다.'

노마시는 여기서 말을 끊고 방 뒤쪽에 있는 한 종에게 손짓을 했어. 종은 한 번에 하나씩 무거운 가죽 자루를 세 개 날라다 놓았지. 이 중의 하나를 들어 노마시는 아버지 앞에 가져다 놓고 다시 말을 이었어.

'아버지께서는 제게 돈, 바빌론의 돈 자루를 주셨습니다. 이제 저는 같은 무게의 니느웨의 돈으로 대신 갚겠습니다. 같은 액수입니다.

아버지께서는 또 지혜의 말이 쓰인 글자판을 주셨습니다. 보십시오, 그것 대신에 저는 이 돈 두 자루를 내놓겠습니다.'

그러면서 그는 종에게서 나머지 두 자루를 받아 역시 그의 아버지 앞에 가져다 놓았습니다.

'아버지, 이것은 제가 얼마큼 아버지의 돈보다 아버지의 지혜를 값지게 여기는지를 보여 드리기 위해서입니다. 그러나 그 지혜의 가치를 어찌 돈 자루로 헤아릴 수 있겠습니까? 지혜가 없으면 돈을 가진 사람도 금방 잃어버리나 지혜가 있으면 돈을 갖지 않은 사람도 돈을 지킬 수가 있습니다. 이 세 돈 자루가 증명해 보이지 않습니까?

아버지, 저는 이렇게 지금 아버지 앞에 서서 아버지의 지혜 덕에 제가 부자가 될 수 있었고 사람들 앞에 존경받는 사람이 되었다고 말할 수 있다는 것이 얼마나 흡족스러운지 모릅니다.'

그 아버지는 사랑스럽게 아들의 머리를 쓰다듬었어.

'너는 정말 잘 배웠다. 내가 믿고 내 재산을 맡길 수 있는 아들이 되었다니 기쁘기 이를 데 없구나.'

칼라바브는 여기서 얘기를 마치고 둘러앉은 사람들을 날카롭게 쳐다보았습니다.

"이 노마시의 얘기가 그대들에게는 어떤가? 그대들 가운데 누가 그대들의 아버지 혹은 장인에게 가서 번 돈을 이토록 잘 관리했다고 할 수 있겠는가? 만약 그대들이 '많이 여행하고 많이 배우고 많이 고생하고 많이 벌기도 했지만, 그러나 돈은 거의 없습니다. 조금은 슬기롭게 쓰고, 조금은 낭비하고 또 대부분은 어리석게 잃었습니다.'라고 한다면 존경받는 이분들이 과연 어떻게 생각할까? 어떤 사람은 돈을 많이 모으고 또 어떤 사람은 무일푼인 것을 운의 탓으로만 돌릴 수 있을까? 그건 잘못된 생각이지.

돈의 이 다섯 가지 법칙을 알고 그것을 따르면 많은 돈을 갖게 되지. 나는 젊어서 이 다섯 가지 법칙을 알았고, 그것을 지켰기 때문에 부자 상인이 되었네. 어떤 신기한 마술에 의해 재산을 모은 것이 아닐세. 쉽게 찾아온 재산은 쉽게 나가지.

주인에게 남아서 즐거움과 만족을 주는 재산은 천천히 오는 법이야. 지식과 흔들리지 않는 목표에서 태어난 자식이므로 재산을 모은다는 것은 사려 깊은 사람에게는 가벼운 짐에 지나지 않아. 한 해 한 해 그 짐을 꾸준히 지고 있으면 결국은 목표가 달성되지. 돈의 다섯 가지 법칙은 그대들에게 큰 대가를 치러 줄 걸세.

이 다섯 가지 법칙 하나하나가 충분한 뜻을 담고 있고, 그대들이 내 짧은 얘기 속에서 그냥 지나쳐 버리기 쉬우므로 내 다시 한 번 그것을 반복하겠네. 젊어서 나는 그 가치를 알고 완전히 외울 수 있을 정도가 되어야 만족했으므로 분명히 알고 있지.

돈의 첫 번째 원칙

돈은 자기 장래를 위해 또 가족들의 장래를 위해 자기 수입의
10분의 1 이상을 떼어 저축하는 사람에게는 기꺼이 그리고 빨리
찾아와 늘어난다.

"누구라도 자기 수입의 10분의 1을 꾸준히 떼어 저축하고 그
것을 잘 굴리는 사람은 장래에 자신을 위해, 나아가 자기가 신
의 부름을 받고 어둠의 세상으로 간 다음에라도 가족들의 편안
함을 위해 일해 줄 가치 있는 재산을 갖게 되네. 이 법칙은 돈이
기꺼이 그런 사람에게 찾아온다는 뜻도 되지. 내 평생에서도 이
것은 증명이 되네.

돈을 더 많이 저축할수록 그것은 더 쉽게 내게 다가와 늘어났
어. 저축한 돈은 더 많은 돈을 벌어들이고 그것은 또 더 많은 돈
을 벌어들이지. 이것이 첫 번째 법칙이야."

돈의 두 번째 법칙

돈은 그것을 이익이 되도록 굴리는 지혜로운 주인을 위해서는 부지런히 그리고 만족스럽게 일해서 들의 새 떼들처럼 불어난다.

"정말 돈은 열심히 일하는 종이야. 항상 기회만 닿으면 늘리려고 하거든. 어떤 일정량의 돈을 가지고 있는 사람에게는 가장 유익하게 쓰도록 기회가 찾아오지. 해가 갈수록 놀랍게 늘어나지."

돈의 세 번째 법칙

돈은 그 방면에 슬기로운 사람의 지혜에 따라 투자하는 조심스러운 주인에게는 보호가 된다.

"돈은 부주의한 주인에게서는 달아나고, 조심스러운 주인에게는 붙어 있어 돈을 잘 관리하는 사람의 지혜를 잘 빌리면 재산을 잃지 않고 안전하게 계속 증가시키면서 즐길 수 있는 방법을 배우지."

돈의 네 번째 법칙

돈은 경험이 있거나 혹은 보관에 기술이 있는 사람의 동의를 구하지 않은 채 사업이나 어떤 일에 투자하는 사람에게서는 도망가 버린다.

"돈을 가지고 있으나 그것을 다루는 기술이 없는 사람은 여러 가지 쓸모가 다 이익이 될 것으로 보이지. 이것은 잃을 위험이 많은데 지혜로운 사람이 잘 분석해 보면 이익은 적지. 따라서 경험이 없는 사람이 자신의 판단에 따라 사업이나 어떤 잘 알지 못하는 사업에 투자를 했다가는 자기 판단이 잘못되고 경험 미숙으로 재산을 잃어버리고 마는 경우가 비일비재하지. 돈을 다룰 줄 아는 사람에게 충고를 받아가며 재산 관리를 하는 사람이 현명한 사람이지."

돈의 다섯 번째 법칙

돈은 불가능한 벌이에 억지로 집어넣거나, 사기꾼이나 협잡꾼의 달콤한 말에 넘어가거나, 자신의 무경험과 투자에 대한 낭만적인 환상에 따라 행동하는 사람에게서는 달아나 버린다.

"모험 얘기같이 스릴 있는 환상적 제의가 새로 돈을 가진 사람들에게는 항상 찾아온다. 이들은 마치 불가능한 벌이도 가능하게 해줄 정도의 마력을 지닌 것처럼 보인다. 따라서 지혜로운 사람들은 모든 투자 뒤에 숨어 있는 이런 위험들을 잘 알아야 할 것이네.

니느웨의 그 부자들이 원칙을 어기지 않는 한도 내에서 또 이익이 남지 않는 투자는 하지 않았음을 잊지 말아야 하네.

돈의 다섯 가지 법칙에 관한 내 얘기는 여기서 끝을 맺네. 이 가운데 나는 내 성공의 비결도 얘기했네. 그러나 그건 비결이 아니라 저 들개들처럼 날마다 먹기 위한 걱정을 해야 하는 대다수에서 벗어나고 싶은 사람은 우선 알고 그 다음 따라야 할 진리이네.

내일 우리는 바빌론으로 들어가네. 보게! 저 벨 사원 위로 솟은 영원한 불길을! 우리는 벌써 황금 도시가 보이는 곳에 왔네. 내일은 자네들이 그동안 충직하게 일해 준 봉사에 대한 돈을 나누어 주겠네.

오늘 밤부터 10년 후 자네들은 돈에 관해 뭐라고 말할 수 있을까?

자네들 중에 노마시처럼 이 돈을 자본으로 일어서고, 아카드의 지혜를 슬기롭게 따른다면, 10년 후 자네들도 아카드의 아들처럼 부자가 되고 존경받는 사람들이 되겠지.

우리의 지혜로운 행동은 인생을 통해 우리를 즐겁게 하고 우리를 도와주었네. 마찬가지로 지혜롭지 못한 우리의 행동은 따라다니며 우리를 괴롭히고 못살게 굴지. 어찌 그걸 잊겠나. 우리가 가장 뼈저리게 후회하는 것이 우리가 했어야 했을 일들, 잡지 못한 기회에 대한 것이 아니겠는가?

바빌론의 보물은 풍부해. 너무도 풍부해서 아무도 그 돈의 가치를 헤아리지 못해. 해마다 더 풍부해지고 더욱 가치가 있어지지. 어느 땅의 보물처럼 그것들도 자기 몫을 갖겠다고 기다리는 사람들에 대한 보답, 큰 보답이지.

자네들의 희망에는 큰 마력의 힘이 있지. 이 힘을 돈의 다섯 가지 법칙에 따라 이끌어 보세. 그러면 자네들도 바빌론의 보물을 가질 수 있을 걸세."

part. 6

바빌론의 사채업자

금화 오십 냥! 고대 바빌론의 창 제조업자 로단은 그 많은 돈을 가죽지갑에 넣고 있었습니다. 그는 자유롭기로 이름난 폐하의 궁전 앞 보도를 신이 나서 걸어가고 있었습니다. 한 걸음 한 걸음 내디딜 때마다 지갑 속에서는 기분 좋게 금속성이 일었습니다. 돈끼리 부딪치는 이제껏 들어본 중 가장 아름다운 음악 소리였습니다.

금화 오십 냥! 전부가 다 내 것! 그는 이 행운을 믿을 수가 없었습니다. 이 짤랑이는 금속 원반에 든 힘이란! 그것으로는 원하는 것은 무엇이든, 대저택, 땅, 소, 낙타, 말, 마차 등 아무것이나 그가 원하는 것은 다 살 수 있었습니다.

그것을 무엇에 쓸까? 이날 저녁 여동생의 집을 향해 샛길을 걸어가는 그의 마음속에는 지금 가진 육중하고 반짝거리는 금화밖에는 다른 것을 갖고 싶은 생각이 없었습니다.

걱정스러운 얼굴을 한 로단이 사채업자이자 보석과 진기한 직물 취급을 하는 마돈의 가게로 들어선 것은 그로부터 며칠이 지난 어느 날 저녁이었습니다.

희안하게 진열된 색색 상품들을 좌로 우로 쳐다보지도 않고 그는 곧장 가게 뒤에 딸린 살림집으로 향했습니다. 거기에는 품위 있게 차려 입은 마돈이 양탄자를 깔고 흑인 종의 시중을 받으며 식사를 하고 있었습니다.

"어찌해야 좋을지 모를 일이 생겨 충고를 구하러 왔습니다."

몇 발자국 떨어져서 멍청히 선 로단의 가죽 상의는 앞이 열려 그의 털이 난 가슴이 드러나고 있었습니다. 마돈의 좁고 창백한 얼굴에 친구를 반기는 따스한 미소가 일었습니다.

"사채업자를 찾아와야 할 정도의 무슨 큰 실수를 저질렀나? 왜 도박에서 졌나? 아니면 뚱뚱한 여인에게 묶여 옴짝달싹 못하겠나? 벌써 오래 전부터 자네를 알아왔지만 자넨 어려울 때도 나를 찾아온 적은 없었지 않나?"

"아니, 아닙니다. 그런 게 아닙니다. 돈이 필요해서 온 게 아닙니다. 그게 아니고 선생님의 지혜로운 충고를 받으려구요."

"이것 봐라! 이것 봐라! 이 사람 하는 말 좀 들어보소. 사채업자에게 와서 충고를 구하는 사람이 다 있어? 내 귀가 잘못 들었나?"

"제대로 들었습니다."

"그렇다면 그럴 리가 있나? 창 제조업자 로단이 이렇게 영악할 수가 있나? 마돈에게 돈을 빌리러 온 것이 아니고 충고를 빌리러 오다니. 그렇지, 어려운 처지에 빠졌을 때 사채업자만큼 또 좋은 충고를 해줄 수 있는 사람도 없지. 같이 식사하세, 로단." 그는 이렇게 말을 계속 이었습니다.

"그대는 오늘 저녁 우리 손님일세. 안도!" 그는 흑인 노예를 불렀습니다.

"충고를 구하러 온 이 친구, 창 제조업자 로단에게 방석을 하나

드려. 오늘 우리 집 귀한 손님이야. 음식을 잔뜩 가져오고 컵도 제일 큰 걸 하나 가져 오고, 제일 좋은 포도주로 골라 오고. 그래 무슨 일인가 어서 말해 보게."

"폐하의 선물 때문에요."

"폐하의 선물이라? 폐하께서 선물을 하사하셨는데 그게 문제라? 무슨 선물인데?"

"국전에서 쓰는 창끝을 새 도안으로 잘 만들어 드렸더니 폐하께서 기뻐하시며 제게 금화 오십 냥을 주셨는데, 그것 때문에 지금 머리가 아플 지경입니다. 날이면 날마다 그걸 나누어 갖자는 사람들 때문에 시달리고 있습니다."

"당연하지. 돈을 가지고 있는 사람보다는 가지고 싶어 하는 사람이 더 많지. 그리고 그 시달림에 넘어가기도 쉽고. 그러나 '싫다'고 하면 되지 않나? 굳게 마음먹고?"

"많은 사람들에게는 싫다고 했지만 그래도 좋다고 하는 것이 더 편한 때도 있습니다. 자기에게 하나밖에 없는 지극히 사랑스러운 누이동생이 그것을 빌려 달라고 할 때, 그것을 누가 거절할 수 있겠습니까?"

"그렇다면 그대의 누이가 그대가 상으로 받은 것을 달라는 말이지?"

"그 애가 쓰려고 그러는 것이 아니라 그 애의 남편 아라만에게 주어서 부유한 상인을 만들고 싶답니다. 그 애는 제 남편이 아직껏 그런 기회가 한 번도 없었다고 믿고 이번 기회에 이 돈을 빌려주어 잘되는 상인으로 만들고 그 남는 것으로 변상을 하겠다는 겁니다."

마돈은 이렇게 말했습니다.

"아하, 이건 정말 토론의 대상이 되는 얘기일세. 돈은 그 주인에게 의무감을 안겨 주고 동료들과의 관계에서 달라진 위치를 제공하지. 그것을 잃을까 두려움도 안겨 주지. 아니면 줄줄 다 새 버릴테니까. 힘에 대한 느낌과 좋은 일을 할 수 있는 능력도 생기지. 마찬가지로 그 호의 때문에 또 어려운 처지에 처할 수도 있지.

그대는 동물들의 말을 알아듣는 니느웨의 한 농부 얘기를 아는가? 흔히 들을 수 있는 얘기가 아니니까 못 들었는지도 모르지. 빌리고 빌려주는 것이 단순히 돈을 넘겨주는 것만이 아니기 때문에 하는 얘기일세.

동물들이 서로 주고받고 말하는 소리를 알아들을 수 있는 그 농부는 동물들이 하는 말을 엿듣기 위해 매일 저녁 농장에 남아서 서성거렸네.

어느 날 그는 황소가 나귀에게 자기 신세 한탄하는 소리를 들었네.

'나는 아침부터 밤까지 힘들게 쟁기를 끌어야 돼. 아무리 날씨가 더워도, 아무리 다리가 아프고 피곤해도, 아무리 쟁기 활이 내 목을 짓눌러도 그래도 난 일해야 하네. 그러나 넌 아주 한가해. 색색 담요만 쓰고 주인이 가는 데나 데려다주면 나머지는 할 일이 없어. 주인이 아무 데도 안 가는 날은 그나마 쉬면서 하루 종일 맛있는 풀이나 뜯어 먹지.'

나귀는 뒷다리가 고단했지만, 그래도 착해서 황소 친구를 동정했네.

'불쌍한 우리 친구. 자넨 힘들게 일만 하는군. 내가 그 힘든 것을 좀 도와 주겠네. 쉬는 방법을 가르쳐 주겠어. 하인이 아침에 밭으로 데리고 가려고 오거든 땅바닥에 그냥 누워 크게 울어. 아

파서 일 못한다고.'

그래서 황소는 나귀의 충고대로 했고, 다음날 하인이 농부에게 와서 황소가 병이 나서 쟁기를 못 끌겠다고 얘기를 했네.

그러자 농부는 이렇게 말했지.

'나귀를 끌어다 끌게 하게. 밭은 갈아야 하니까.' 처음에는 그저 친구를 도와주기 위한 생각이었던 나귀는 그날 하루 종일 황소 대신 일해야 했어. 밤이 되고 쟁기에서 풀려난 나귀는 그렇게 화가 날 수가 없고 다리는 지치고 쟁기 활이 닿았던 목도 아팠어.

농부는 계속 농장에 남아서 엿들었지.

황소가 먼저 말을 시작했어.

'자넨 정말 좋은 친구야. 자네 덕에 오늘 하루는 아주 잘 쉬었어.'

나귀는 이렇게 쏘아붙쳤지.

'나는 생각 단순한 동물들처럼 친구를 돕기 시작했더라도 자기 일은 자기가 끝내게 하는 동물이야. 그러니까 이제부턴 네가 네 쟁기를 끌어. 주인님께서 종더러 네가 다시 아프거든 도살장으로 데려가 잡으라고 하셨어. 너같이 게으른 놈은 그랬으면 좋겠어.' 그때부터 둘은 더이상 말을 하지 않았지. 절교였어.

"이 얘기에서 배울 것이 무엇인지 알겠나, 로단?"

"좋은 얘기군요. 하지만 생각이 안 나는데요?"

"그렇겠지. 하지만 아주 간단해. 바로 이거야. 네가 네 친구를 돕고 싶으면 네 친구의 짐이 네 것이 되지 않는 방향으로 해라."

"그 생각은 못했군요. 좋은 가르침입니다. 저도 제 매부의 짐을 지고 싶지는 않습니다. 그러나 말씀해 주십시오. 선생님께서는 많은 사람에게 돈을 빌려주셨습니다. 그럼 빌려 간 사람들이 돈을 도로 갚습니까?"

마돈은 경험이 풍부한 사람의 웃음을 지으며 말했습니다.

"돈을 빌려 간 사람들이 돈을 갚지 못하면 어떻게 사채업을 해 나가겠나? 빌려주는 사람은 자기가 빌려준 것이 빌려 가는 사람에게 뜻있게 쓰이고 다시 돌아올지, 혹은 그것을 잘 활용하지 못해 재산도 다 잃고 도저히 갚을 능력이 없게 될지를 현명하게 잘 판단해야 되지 않겠나? 내 자네에게 내 담보상자에 있는 담보를 보여주고 얘기를 해주겠네."

그는 자기 팔만큼이나 긴 빨간 돼지가죽으로 싸여진 청동 무늬가 새겨진 상자를 들고 방으로 들어왔습니다. 그는 바닥에 그것을 놓고 손을 뚜껑 위에 얹은 채 그 앞에 쪼그리고 앉았습니다.

"나는 내가 돈을 빌려주는 사람마다 그 돈을 갚을 때까지 담보를 하나씩 받아 내 담보 상자에 넣지. 돈을 갚으면 도로 주지만, 돈을 갚지 않으면 나와의 신용을 어긴 그 사람을 절대로 잊지 않고 항상 생각하지.

내 담보 상자가 말해 주는 바에 따르면 가장 안전한 대부는 그들이 원하는 대부액보다 더 많은 재산을 가지고 있는 사람이야. 그들은 땅이나 보석이나 낙타나 혹은 그밖에 빌려 간 것을 갚을 수 있는 다른 것들을 갖고 있어.

어떤 때 받은 담보는 빌려 간 것보다 더 값이 나가는 보석도 있지. 또 빌려 간대로 갚지 못할 경우에는 부동산으로 가져오는 경우도 있지. 이런 경우는 이자까지 부동산으로 다 쳐서 받는 거야. 그래야 손해를 안 볼 테니까.

또 한 계층은 벌 능력이 있는 사람들이 있지. 자네같이 노력하고 혹은 일하고 해서 돈을 받는 사람들이지. 수입이 있고 정직하고 다른 불운이 겹치지만 않는다면 그들은 빌린 돈과 내가 당연히 받을 이자까지 갚는다는 것을 알지. 이런 대부는 인간 노력에 근본을 둬.

또 어떤 사람들은 재산도, 확실한 벌이 능력도 없는 사람들이지. 삶이란 어렵고 그래서 거기에 적응하지 못하는 사람들이 꼭 있는 법이야. 이런 사람들에 대해서는 그의 신용을 보증하는 좋은 친구들이 보증을 서지 않는 한 단 한 푼이라도 빌려주는 것은 위험하지."

마돈은 고리를 풀고 뚜껑을 열었습니다. 로단은 그것을 보기 위해 고개를 내밀었습니다.

상자 맨 위 진홍색 천 위에 청동 목걸이가 놓여 있었습니다.

"이건 영원히 이 상자에 남아 있을 걸세. 주인이 저세상으로 가버렸으니. 나는 그것을 그의 징표로 보관하고 있지. 그에 대한 기억을 보관하고 있어. 그는 내 친한 친구였으니까. 우리는 같이 동업을 하면서 크게 돈을 벌었어. 그러다 그 친구가 결혼한다면서 동쪽 나라에서 여자를 하나 데려왔는데 예뻤지.

하지만 우리나라 여자들과는 다르게 사치가 심한 여자였어. 친구는 그녀의 욕망을 만족시키기 위해 돈을 물 쓰듯 썼지. 돈이 다 떨어지자 나를 찾아왔어. 나는 타일렀지. 다시 일어설 수 있도록 도와주겠다고 했지. 그는 맹세코 다시는 안그러겠다고 했어. 그런데 그게 아니었어. 그 여자와 싸우다 그 여자에게 한번 찔러보라고 했는데, 단칼에 가슴을 맞아 죽었지."

"그 여자는요?" 로단이 물었습니다.

"물론, 이게 그 여자 것이지." 그는 진홍색 천을 집어들었습니다.

"깊은 자책감으로 몸부림치다 결국은 유프라테스 강에 몸을 던졌지. 이 상자는 말일세, 로단. 큰 감정의 진통 속에 휘말려 있는 사람은 사채업자의 안전한 모험이 못 된다는 걸 얘기해 주네."

"이것봐! 이건 달라." 그는 황소 뼈로 깎아 만든 반지에 손을 갖다 댔습니다.

"이건 어느 농부 것이야. 그 부인이 만드는 피륙을 내가 샀지. 그런데 메뚜기 떼가 날아들어 농부에게는 먹을 식량이 없었어. 내가 도와주었지. 그가 이듬해에 다시 농사를 지어 빚을 갚고 나중에 다시 찾아온 그는 어느 길손에게 들었다는 먼 나라의 이상한 염소 얘기를 했어. 털이 아주 길고 부드럽고 윤기가 있어서 그걸로 피륙을 짜면 바빌론에서는 그 이상 갈 게 없다는 거야.

그는 염소 떼를 사야겠는데 돈이 없었어. 그래서 내가 가서 염소 떼를 사 오도록 돈을 빌려주었지. 지금 잘 시작하고 있으니까 내년에는 바빌론 귀족들에게 사는 것이 행운인 가장 값비싼 피륙을 내놓아 사람들을 놀라게 할 거야. 곧 이 반지는 돌려주어야겠지. 돈을 금방 갚는다고 하니까."

"어떤 빌려 간 사람들이 그러나요?" 로단이 물었습니다.

"돈을 곧 갚을 목적으로 빌린다면 보통은 그래. 하지만 칠칠치 못해서 빌리게 되는 경우라면 곧 갚을 수 있는지 없는지를 잘 알아봐야겠지."

"이것도 얘기해 주세요." 희귀한 도안으로 보석이 박힌 금팔찌를 집어 들며 로단이 물었습니다.

"여자들에게 역시 관심이 있는가 보군?" 마돈이 놀려댔습니다.

"전 아직도 어립니다."

"그렇지, 하지만 이 경우는 그런 게 아니야. 이 팔찌의 임자는 뚱뚱하고 주름살이 패이고 말도 많아서 나를 미치게 만들지. 한때는 그들도 부자여서 내 단골이었는데 이젠 망했어. 그 여자 한테는 아들이 하나 있었는데, 여자는 그 아들을 상인으로 만들고 싶어 했지. 그래서 아들을 낙타를 타고 성을 찾아다니며 물건을 사고파는 낙타 대상의 한 동업자로 만들려고 내게서 돈을 빌려 갔어.

그런데 그 주인이 사기꾼이라 이 불쌍한 소년이 자고 있는 동안 돈도 없고 친구도 없는 어떤 먼 나라에 내버려 두고 가버렸어. 이 애가 어른이 되면 이 돈도 갚겠지. 그때까진 이자 한 푼 못 받고 말만 많을 테지. 하지만 그 보석이 그보다는 값이 나가.”

“그 부인이 대부할 때의 지혜를 위해 선생님의 충고를 구했나요?”

“그랬으면 달랐지. 그 여자는 자기 아들이 바빌론에서 아주 막강한 부자가 되리라 꿈꾸고 있었지. 그 반대로 얘기했다간 난리가 나. 나도 혼난 적이 있어. 나는 이 아무 경험 없는 아이가 위험스럽다는 것을 알았지만, 그녀가 담보를 제공하는 바람에 거절할 수가 없었지.”

마돈은 매듭으로 묶인 짐바를 흔들며 계속 말을 이었습니다.

“이건 낙타 상인 네바트의 것이지. 그는 자기 자본보다 많은 낙타 떼를 사고자 할 때는 이 매듭을 가져오지. 그럼 나는 요구대로 돈을 빌려주고. 그는 슬기로운 장사꾼이지. 나는 그의 정확한 판단을 믿고 마음껏 돈을 빌려주지.

바빌론에는 신용도가 높아 내가 신임하는 다른 사람들도 많아. 그들의 담보가 자주 내 이 담보 상자 안을 들락거리지. 훌륭한 상인은 우리나라의 자원이지. 그들을 도와줌으로써 바빌론이 번창하게 하는 길도 되고 나한테는 이득이 돌아온다네."

마돈은 터키 옥에 새긴 풍뎅이를 집어 들더니 경멸조로 그것을 바닥에 내팽개쳤습니다.

"이집트인 도둑놈! 이것의 임자는 내게 돈 돌려줄 생각을 안해. 내가 뭐라고 그럴 때마다 그는 '일이 잘 안되는 걸 나더러 어쩌란 말이요? 당신은 더 많지 않소?'라고 하지. 그러는데 내가 뭐라고 해?

이 담보는 그의 아버지 것이지. 그 사람은 얼마 있는 땅과 가축 등의 재산을 아들을 위해 걸었어. 아들은 처음에는 잘해 나가는 듯 싶더니 곧 지나치게 욕심을 냈어. 아직 세상 물정을 잘 몰라서 완전히 망했지.

젊을 땐 누구나 야망이 커. 젊을 땐 부자가 되는 지름길을 택하고, 그것을 대표하는 바람직한 것들을 원하지. 전혀 경험이 없는 젊음은 가망 없는 빚이란 깊은 함정과도 같아서, 빠질 땐 쉽게 빠지지만 오랜 세월 거기서 고생해야 하는 걸 잘 몰라.

밝은 햇살이 가려지고 편하지 못한 잠으로 불안한 밤이 계속되는 슬픔과 회한의 함정인데, 그래도 난 돈 꾸어 달라는데 실망을 주기가 안됐더군. 그래서 오히려 격려했지. 슬기롭게만 한다면 그건 얼마든지 추천할 일이거든. 나도 빌린 돈으로 장사를 해서 처음 성공을 했거든.

그러나 이런 경우 채권자는 어떻게 해야 하나? 청년은 실망에 빠져 아무것도 못 하고 낙심해 있어. 전혀 변상할 생각도 안 해. 그렇다고 나는 그 아버지의 땅과 가축을 뺏기는 싫거든.”

“참 유익한 말씀 많이 들었습니다.” 로단이 이렇게 말했습니다.

“하지만 제 질문에는 아무런 답도 없으셨습니다. 우리 매부에게 돈 오십 냥을 빌려주어도 되겠습니까? 제게는 그게 문제입니다.”

“자네 누이는 내가 아주 존경하는 신뢰할 만한 부인이시지. 만약 자네 누이의 남편이 내게 와서 돈 오십 냥을 빌리자고 한다면, 나는 먼저 무엇에 쓰려고 하느냐고 물어볼 걸세.

그가 만약 나처럼 상인이 되어 보석과 값진 가구를 취급하고 싶다면 나는 이렇게 물을 걸세. '당신은 장사에 대해 얼마나 아십니까? 물건을 제일 싸게 살 수 있는 곳을 아십니까? 이익을 남기고 팔 수 있는 곳은 아십니까?' 그가 이런 질문들에 '예'라고 답할 수 있나?"

"아니요. 그렇진 못합니다." 로단은 인정을 했습니다.

"매부는 창을 만드는 내 일을 주로 도왔고 장사도 조금 도와서 했을 뿐입니다."

"그럼 목표가 분명하지 않다고 해야겠군. 상인은 자기 장사를 훤히 알고 있어야 해. 가치 있는 것이긴 하지만, 그의 야망은 비현실적인 것이고, 그렇다면 한 푼도 빌려주지 않을 걸세.

그러나 만약 그가 이렇게 말한다면, '예, 상인들 일을 많이 도왔습니다. 스미르나에 갈 줄도 알고, 부인네들이 짜는 피륙을 싼 값에 사는 방법도 압니다. 또 이것을 많은 바빌론의 부자들에게 큰 이윤을 남기고 팔 줄도 압니다.' 그러면 나는 이렇게 말하지.

'당신은 목적이 슬기롭고 야망이 존경할 만하군요. 당신이 돈을 갚겠다는 담보를 내세운다면 내 기꺼이 오십 냥을 빌려 드리리다.

그러나 만약 그가 '나는 내가 신용 있는 사람이며, 빌린 것을 잘 갚겠다는 말 이외에는 담보가 없습니다.'라고 말한다면, 나는 이렇게 대답하겠지. '나는 돈 한 냥을 지극히 아낍니다. 당신이 스미르나에 가다가 도둑을 맞는다면, 혹은 돌아오다가 융단을 빼앗겨 버린다면, 나는 돈을 받을 빙법이 없고, 내 돈은 날아가 버릴 것입니다.'

로단, 돈이란 사채업자의 상품이지. 빌려주기는 쉬워도 잘못 빌려주면 되돌려 받기가 힘들어. 지혜로운 사람은 안전한 대부 외에는 모험을 안 하지. 어려운 처지에 있는 사람을 도와주는 것은 좋아. 불행한 운명이 닥친 사람을 도와주는 것은 좋지. 성공을 하고 가치 있는 시민이 되려고 하는 사람들이 시작하도록 도와주는 것도 좋지. 그러나 도우려면 잘 도와주어야 해. 아까 그 농부의 노새처럼 도와주려다가 남의 짐을 내가 대신 지지는 말고.

로단, 내 또 자네의 물음과는 동떨어진 얘기를 했군. 그러나 이

제 내 대답을 듣게. 돈 오십 냥을 간직하게. 자네가 애써서 상으로 받은 것은 자네 것이며, 자네가 원치 않으면 누가 뭐래도 그걸 가질 권리가 없어. 돈을 더 벌도록 빌려 줄 때는 조심해서 여러 곳에 빌려주게. 난 게으른 돈은 좋아하지 않아. 하지만 지나친 위험도야.

"자네 창 제조업자로 몇 년 동안 일했나?"

"만 삼 년이요."

"폐하의 선물 외에 저축해 놓은 돈은 얼마인가?"

"금화 세 냥."

"매년 자네는 수입에서 한 냥을 저축하기 위해 쓰고 싶은 것을 참아야 했지?"

"네, 말씀대로입니다."

"그럼 이렇게 참아가며 오십 냥을 저축하려면 오십 년이 걸리겠군?"

"일평생 일해야 할 것입니다."

"자네는 자네 누이가 자네의 오십 년 노력을 자기 남편 장사 한 번 시켜보겠다고 허사가 되게 하는 것을 원한다고 생각하나?"

"그렇진 않을 겁니다."

"그럼 가서 이렇게 얘기하게. '나는 3년을 금식일을 빼고는 아침부터 밤까지 죽으나 사나 일만 하면서 하고 싶은 것도 참고 살아왔다. 매년 이런 수고, 이런 인내로 한 냥을 모았어. 넌 내 사랑하는 누이동생이고, 나도 매부가 장사를 해서 돈을 좀 벌었으면 한다. 매부가 내 친구 마돈이 보아서 가능성 있고 괜찮다 싶은 안을 내게 제시하면 나는 기꺼이 빌려주겠다.' 그렇게 말해 놓고 그가 성공할 자신이 있으면 증거를 보일 거야. 자신이 없으면 갚을 수 있는 만큼 이상은 요구하지 않을 테고.

나는 장사에 필요한 돈보다 더 많이 갖고 있으니까 돈놀이꾼이지. 나는 내 돈이 다른 사람에게 득이 되고, 따라서 내게로 더 많은 부를 가져다주기를 바라네. 내가 그렇게 애쓰고 하고 싶은 것 참아가며 지킨 내 돈이 없어질 그런 짓은 원하지 않아. 따라서 안전하다고 생각되고 내게 다시 돌아올 거라고 생각되는 곳 이외에는 빌려주지 않지. 또 금방 벌어서 갚을 수 있다고 확신하는 곳 아니고는 안 빌려주지.

로단, 난 자네에게 내 담보 상자의 몇 가지 비결을 가르쳐 주었네. 거기서 자네는 인간의 약점을, 아무 갚을 능력도 없으면서 빌리고 싶어 하는 마음들을 보았을 거야. 여기서 돈을 크게 벌겠다는 그들의 희망이 막상 돈이 있다면 능력도 재주도 없는 헛된 희망인 것을 알 거야.

로단, 자네에게는 돈이 있네. 자네에게 돈을 벌어 줄 돈이 있네. 자네도 이젠 나처럼 돈놀이꾼이 되려고 하네. 자네가 이걸 잘 간수하면 자네에겐 큰 수입줄이 생기고 평생 좋은 이득이 될 걸세. 그러나 자네가 이걸 놓쳐 버리면 자네는 평생 후회와 회한 속에서 보내게 될 걸세. 지네는 자네의 지갑에 있는 이 돈에게 바라는 것이 무엇인가?"

"안전하게 간직되는 겁니다."

"좋은 말이네." 마돈은 인정을 했습니다.

"우선 자네의 희망은 안전이지. 만약 자네가 자네 매부에게 이 돈을 빌려주면 안전하겠나?"

"그렇진 않을 겁니다. 매부는 돈 관리를 잘하는 사람이 아니니까요."

"그러면 누구에게 돈을 빌려주어야 한다는 어리석은 의무감 같은 것은 갖지 말게. 친척이나 친구를 돕고 싶으면 재산을 잃지 않는 다른 방법을 모색하게. 기술이 없는 사람에게 돈은 뜻밖에 도망가버린다는 것을 잊지 말게. 다른 사람에게 빌려주어 잃느니보다 내가 다 써서 잃는 것이 나아. 그다음 자네의 돈으로 바라는 것이 무엇인가?"

"돈을 더 얻는 것이지요."

"역시 똑똑한 말을 하는군. 돈을 더 벌어 늘리게 해야지. 잘 굴린 돈은 자네가 늙기 전에 지금의 두 배까지도 되지. 자네가 그걸 잃는 모험을 건다면 그것이 벌어 줄 것까지 다 잃는 모험을 하는 것이 되네.

따라서 돈을 불려주겠다는 경험이 없는 사람의 환상적인 얘기에 동요되지 말게. 이런 계획은 안전하고 믿을만한 상업 법칙에서는 경험 없는 몽상가의 창조품이지. 돈을 맡겨 굴릴 때에는 신중해야 하네. 턱없이 높은 고리대금으로 주는 것도 손실을 자초하는 걸세.

성공한 사람들의 도움을 얻어 그들의 충고에 따라야 돈을 안전하게 간수하고 또 그 돈을 이용해 돈을 벌 수가 있어. 그렇게 하면 대부분의 사람들처럼 불행을 겪지 않아도 되지."

로단이 그의 슬기로운 충고를 듣고 감사를 표했을 때, 그는 들으려 하지 않고 이렇게 말했습니다.

"폐하의 선물은 그대에게 많은 지혜를 가르쳐 줄 게야. 그 돈 오십 냥을 지키려면 자넨 신중해야 해. 여러 군데 사용할 유혹이 있겠지. 많은 충고도 듣게 되겠지. 이익을 남길 많은 기회도 제공될 거야. 내 담보 상자의 이야기는 자네가 돈을 어느 만큼이라도 내놓기 전에 다시 되돌릴 안전한 길을 모색해야 한다는 거야. 내 충고가 더 필요하면 다시 오게. 내 기꺼이 환영하네.

자네 가기 전에 가 이 담보 상자 밑에 새겨 놓은 것을 보게. 빌려주는 사람에게나 빌리는 사람에게나 모두 적용되네."

part. 7

바빌론의 성벽

예전의 무서운 용사, 늙은 반자르는 고대 바빌론 성벽 꼭대기로 이어지는 통로 앞에서 망을 보고 있었습니다. 위에는 용감한 방어군들이 성벽을 지키기 위해 싸우고 있었습니다. 수만 백성과 함께 이 큰 성의 운명이 그들에게 달려 있었습니다.

성벽 위에는 공격군의 함성과 수많은 사람들의 외침, 수천 마리의 말 발굽소리. 청동 성문을 뚫으려는 파성추(성벽을 부수는 데 쓴 옛 무기)의 소리가 귀청이 떨어져 나갈듯 크게 들렸습니다.

성문 뒤 거리에는 만약 성문이 무너질 경우를 대비해서 창병이 기다리고 있었습니다. 그 일을 담당한 군사는 일부에 불과했습니다. 바빌론의 주 군사는 왕과 함께 멀리 엘라미 족속에 대한 대원정에 나가고 없었습니다.

그동안에 적군의 침공은 전혀 예상하지 못했기 때문에 방어군의 수는 적었습니다. 그런데 뜻하지 않게 북쪽에서 막강한 앗시리아 군대가 쳐들어왔던 것입니다. 이 성벽을 지켜내지 못하면 바빌론의 운명은 급박해졌습니다.

반자르 주위에는 공포에 하얗게 질린 수만 백성들이 전쟁의 새 소식을 들으려고 목을 빼고 있었습니다. 통로 안으로 실려 들어오는 부상자 및 사상자들의 행렬을 보고 그들은 겁에 질려 탄식을 했습니다.

지금이 공격의 중요한 순간이었습니다. 성이 포위 당하고 사흘이 지난 지금 갑자기 적군은 이 구역, 이 성문을 향해 막강한 힘을 퍼붓기 시작했던 것입니다.

성벽 꼭대기 방어군들은 공격군의 승강대와 사다리를 활과 끓는 기름으로, 또 공격군이 성벽 꼭대기에 이르면 방어군들이 창으로 저지하며 싸웠습니다. 이런 방어군들을 향해 적군의 화살은 무수히 날아들었습니다.

늙은 반자르는 소식을 알리기에 적당한 위치에 있었습니다. 접전지와 제일 가까워 적군의 동태를 제일 먼저 알 수 있는 위치에 있었습니다.

한 늙은 상인이 중풍이 걸린 손을 떨며 그에게 가까이 다가와서 애원했습니다.

"여보세요! 여보세요! 적군이 들어오지 못한다고 말 좀 해주시오. 내 아들들은 왕과 함께 나갔소. 우리 늙은 집사람을 보호할 사람이 아무도 없소. 내 재산도 다 쓸어 갈 거요. 내 식량도 아무 것도 남기지 않을 게요. 우린 스스로를 지키기에는 너무 늙었소. 노예가 되기도 전에 우린 굶어 죽을 거요. 우린 죽을 거요. 적군이 들어오지 못한다고 얘기해 주시오."

반자르는 이렇게 대답했습니다.

"진정하세요, 아저씨. 바빌론의 성벽은 튼튼합니다. 시장에 돌아가서 부인에게 성벽은 튼튼하며, 왕의 귀한 보물들을 보호해 주듯 다른 재산도 안전하게 보호해 줄거라고 하시오. 화살이 날

아드니 성벽에 바짝 붙으시오!"

아기를 안은 한 부인이 다시 노인 대신 그 자리를 차지했습니다.

"병사님, 무슨 소식 없나요? 우리 집 불쌍한 바깥양반을 좀 안심시켜 드릴 소식이요. 부상을 심하게 당해서 끙끙 앓고 있으면서도 아기하고 내가 위험하다며 갑옷과 창을 달래요. 만약 적군이 들어오면 철저한 복수를 할 것이라고 무서워하고 있어요."

"마음 놓으시오. 아무 일 없을 게요. 바빌론의 성벽이 부인과 부인의 아기를 지켜줄 게요. 높고 튼튼하니까. 저기 저 위 우리 군사들이 사다리로 올라오는 적군 병사들을 향해 끓는 기름통을 붓는 소리가 안 들리세요?"

"네, 들려요. 하지만 적들이 우리 성문을 후려치는 파성추 소리도요."

"남편에게 가시오. 성문은 튼튼하고 파성추에 끄떡없다고 전하시오. 또 성벽을 사다리를 타고 올라와 보라 하시오. 창 세례만 받을 테니. 저 건물 뒤로 바싹 붙어 가시오."

군대가 나오는 바람에 반자르는 통로 옆으로 비켜섰습니다. 절커덩거리는 갑옷과 방패 소리를 내며 그들이 지나가고 나자 어린 소녀 하나가 그의 허리를 쿡 찌르면서 말했습니다.

"군인 아저씨, 안전한가요? 제발 얘기해 주세요. 무서워요, 저 소리가. 사람들은 모두 피를 흘리고. 무서워서 못 살겠어요. 우리 식구, 우리 어머니, 어린 동생과 아기는 어떻게 될까요?"

우람한 역전의 용사는 아이를 안아 턱을 비비며 눈을 껌벅거렸습니다.

"괜찮다, 아가야. 바빌론의 성벽이 너와 네 어머니와 어린 동생과 아기를 다 보호해 줄 게다. 어지신 세미라미스 여왕께서 백 년도 더 전에 이 성벽을 세우신 것도 다 너같은 아이를 보호해 주기 위해서였단다. 한 번도 무너진 적이 없어. 어서 가서 어머니와 어린 동생과 아기에게 바빌론의 성벽이 보호해 줄 테니 아무 걱정말라고 전해라."

날마다 반자르는 자기 위치에 서서 전쟁 상황을 지켜보았습니다. 그의 주위에는 성벽이 무사한가 알려고 몰려드는 겁에 질린 백성들이 끊일 줄을 모르고 서성거렸습니다. 그들에게 그는 옛날 용사의 위엄을 갖추어 말했습니다.

"바빌론의 성벽이 여러분을 지켜 줄 것입니다."

3주 5일 동안 공격은 잠시도 끊이지 않고 계속되었습니다. 오르내리는 끊임없는 사람들의 물결로 수많은 부상자들의 피가 진흙에 섞이고, 반자르의 턱은 더 딱딱하고 엄숙하게 굳어졌습니다. 날마다 죽은 방어군의 시체가 성벽 앞에 쌓였습니다. 동료들은 그들의 시체들을 가져다 묻어 주었습니다.

4주 5일이 되는 밤, 소란은 가라앉았습니다. 희미한 여명에 들판에는 퇴각하는 적군이 일으키고 가는 먼지가 뽀얗게 날렸습니다.

방어군 쪽에서 큰 함성이 일었습니다. 의심의 여지가 없었습니다. 성벽 뒤에 있던 군사들에게 그것이 전달되었고, 거리의 시민들도 입에서 입으로 소문을 옮겼습니다. 마치 격렬한 폭풍이 일듯 온 성 안을 휩쓸었습니다.

사람들이 거리로 뛰어나왔습니다. 거리에는 사람들로 넘쳤습니다. 수주 간의 숨죽인 공포가 탈출구를 얻어 기쁨과 열광하는 함성으로 변했습니다. 벨 신전 높은 탑 위에서는 승리의 횃불이 솟았습니다. 소식을 알리는 봉화가 하늘에 넓고도 멀리 퍼졌습니다.

바빌론의 성벽은 다시 그 보물을 약탈하고, 백성을 죽이고, 노예화하려는 막강한 적군을 퇴각시켰습니다. 바빌론은 온전히 보호되었기 때문에 수 세기를 견뎠습니다. 그렇지 않고 달리 길이 없었습니다.

바빌론의 성벽은 인간 욕구와 욕망에 대한 보호의 좋은 예입니다. 이 욕구는 인간에게는 본능적인 것입니다. 지금도 인간의 본능은 강하기는 마찬가지지만, 우리는 같은 목적을 달성하기 위해 좀 더 폭넓고 좋은 계획을 발전시켜 나갔습니다.

오늘날에는 보험과 저축과 안전한 투자라는 뚫리지 않는 성벽 뒤에서 우리는 언제 문으로 들어와 모닥불 앞에 자리 잡고 앉을지도 모를 예기치 못한 비극에 대비할 수 있습니다.

part. 8

바빌론의 낙타상

사람은 배가 고플수록 정신은 맑아지고 음식 냄새에 대한 감각은 더욱 예민하게 되는 법입니다.

아주르의 아들 타카드는 분명히 이렇게 생각했습니다. 꼬박 이틀 동안을 그는 담 넘어 정원에 들어가 훔쳐먹은 작은 무화과 두 개를 빼고는 아무것도 먹지 못했습니다. 또 한 개의 무화과를 포착하고 손에 넣는 순간 화난 여인네가 뛰어나와 쫓아왔습니다.

시장 거리를 걸어가는 그의 귀에는 아직도 그녀의 날카로운 음성이 쟁쟁거렸습니다. 그 소리에 그는 겨우 그 여자 상인의 광주리에 담긴 탐스런 과일을 움켜내려는 절제 못하는 자기 손가락을 거둘 수 있었습니다.

그는 바빌론의 시장에 이렇게 많은 과일이 들어오고, 또 그 냄새가 얼마나 기막히게 좋은지 예전엔 미처 몰랐습니다.

그는 시장을 지나고 여인숙을 지나 식당 앞을 서성거렸습니다. 어쩌면 누구를 만날 수도 있습니다. 그래서 그 사람이 동전 한 닢만 빌려주면 여인숙 주인은 웃으면서 맞아 줄 것이고, 또 잘 대접을 해줄 것입니다. 그렇지 않으면 그 대접은 뻔했습니다.

이런 생각 속에 잠겨 있던 그는 뜻밖에 정말 부딪히고 싶지 않은 사람, 낙타상을 하는 바싹 마른 키 큰 친구 다바시를 만났습니다. 그가 돈을 조금씩 빌린 친구들 중 하나인 다바시에게 자신이 빌린 돈을 곧 갚겠다는 약속을 지키지 않아서 그로서는 누구보다도 그가 불편한 존재였습니다.

그를 보자 다바시는 눈을 번쩍 떴습니다.

"하! 이게 누군가? 한 달 전에 동전 두 냥과 그 이전에 빌려준 은화 한 냥을 받을까 해서 내가 찾고 있던 바로 타카드로구나. 잘 만났다. 오늘은 그 돈을 꼭 받아야지. 자 어떻게 하겠나, 응?"

타카드는 무어라 중얼거리며 얼굴이 새빨개졌습니다. 그는 다바시에게 대응할 기운도 남아 있지 않았습니다. 그래서 그는 힘없이 "미안합니다. 죄송합니다. 하지만 오늘은 은전도 동전도 없습니다."라고만 말했습니다.

다바시는 이렇게 말을 했습니다.

"그래. 자네가 어려울 때 도운, 자네 아버지의 옛 친구가 너그럽게 생각해 빌려준 동전 몇 냥과 은 한 냥을 갚지 않고 그냥 먹겠다 이건가?"

"재수가 없어서 다 잃어버린 겁니다."

"재수? 자기가 잘못해 놓고 신들을 원망하다니. 돈 갚는 것보다는 빌리는 것을 더 생각하는 사람에게는 재수가 옴 붙는다네. 자, 자네는 나 식사하는 동안 같이 있게. 그리고 내가 들려줄 얘기도 있고."

타카드는 다바시의 잔인하고 노골적인 말에 움찔했지만, 적어도 그렇게 들어가고 싶던 식당에 발을 들여놓을 수 있는 절호의 기회였습니다. 다바시는 그를 방 한쪽 구석으로 밀어 넣고, 둘은 작은 방석을 깔고 앉았습니다.

주인 카우스크가 웃으면서 나타나자 다바시는 평상시의 그 분방함대로 그에게 말을 걸었습니다.

"사막의 퉁퉁한 도마뱀 씨, 즙이 많고 잘 익은 걸로 염소 다리 하나랑 빵과 채소를 주시오. 나는 배가 고프니까 많이 먹어야겠소. 여기 이 친구도 빼면 안 되겠지. 이 친구에게는 물이나 한 주전자 갖다주시오. 날씨가 더우니까 냉수로."

타카드는 가슴이 철렁했습니다. '여기 앞에 앉아서 남은 염소 다리를 뜯고 있는데 나는 물만 먹고 바라보아야 한다는 말인가?' 그는 아무 말도 하지 않았습니다. 아무 할 말도 생각나지 않았습니다.

그러나 다바시는 그런 심정을 모르는 사람이었습니다. 그는 기분 좋게 웃고, 손을 흔들며 계속 말을 했습니다.

"바로 얼마 전에 우파에서 돌아온 어떤 여행자에게서 들었는데, 거기 있는 어떤 부자가 돌을 아주 얇게 갈아서 훤히 비치게 만들었다고 하더군. 그래서 창문 대신 비가림 마개로 썼다나. 이 여행자 얘기로는 노란 색깔이래. 그래서 그걸 한번 들여다 봤더니 바깥 세상이 온통 이상하고 다르게 보이더래. 그걸 어떻게 생각하나, 다카드? 세상이 어떤 사람에게는 실제와는 다른 빛깔로 보일 수 있다고 생각하나?"

"그럴 수도 있겠지요."

다카드는 이렇게 대답하면서도 생각은 다바시 앞에 놓인 살진 염소 다리에 가 있었습니다.

"에 또, 나는 실제 세상과 다른 색깔로 세상을 본 경험이 있지. 지금부터 내가 하는 얘기는 세상을 실제와는 어떻게 다른 색깔로 보게 되었느냐 하는 것일세."

근처에 있던 한 손님이 앞 친구에게 "다바시가 얘기를 해준대." 라고 속삭이며 방석을 끌어다 가까이 앉았습니다. 다른 손님들도 음식을 가져와 반원으로 둥글게 다바시를 둘러 앉았습니다. 그들은 타카드의 귀에다 대고 시끄럽게 와작와작 먹으며 뼈다귀를 버려 찔리게 했습니다.

타카드 혼자만 음식이 없었습니다. 다바시는 같이 먹자는 얘기는커녕 딱딱한 빵 한 귀퉁이가 부서져 바닥으로 떨어지는 데도 먹어보라는 말 한마디도 하지 않았습니다.

다바시는 염소 다리를 한 입 물어뜯으며 다시 말을 이었습니다.

"내가 지금부터 하는 얘기는 내 어릴 적 얘기로, 내가 어떻게 낙타상이 되었는가 하는 얘기일세. 여기 누구 내가 시리아에서 노예 생활을 한 것을 아는 사람 있는가?"

듣고 있던 사람들은 놀라서 웅성거렸고, 다바시는 그것을 만족스럽게 듣고 있었습니다.

다바시는 다시 염소 다리를 우악스럽게 한 번 물어뜯고 말했습니다.

"젊었을 때, 아버지의 기술, 안장 만드는 기술을 배웠지. 아버지의 가게에서 같이 일하며 아내를 맞았어. 어린 데다 기술이 적어 수입은 얼마 안 되었지만 내 훌륭한 아내와 그럭저럭 살만했지. 그런데 갖고 싶은 것이 많았어. 곧 나는 돈이 당장 없어도 상점 주인들이 물건을 외상으로 주는 것을 알았지.

어리고 경험이 없었기 때문에 나는 버는 것보다 쓰는 것이 많은 사람은 쓸데없는 자기 방종의 씨를 뿌려 결국은 고통과 치욕의 소용돌이를 거둔다는 사실을 몰랐지.

그래서 나는 분에 넘치게 좋은 옷과 내 착한 아내에게 줄 보석과 집을 마구 사들였어. 힘껏 돈을 갚았고 처음에는 다 괜찮았어. 그런데 얼마 안 가 내가 버는 걸로는 먹고 살고 빚을 갚고 하는 게 힘들게 되었지.

빚쟁이들이 몰려들고, 내 생활은 비참해져 갔어. 친구들에게서 돈을 빌렸지만, 그것도 갚을 수가 없었지. 설상가상으로 아내는 친정으로 가 버리고, 나는 바빌론을 떠나 젊은이가 좀 더 기회를 찾을 수 있는 다른 도시를 찾아보기로 했네.

2년 동안을 나는 낙타상들 밑에서 일하며 불안하고 비참한 생활을 했어. 그러다 여기서 무기를 가지지 않은 낙타 대상들을 습격해서 약탈하는 강도단에 들게 되었지. 이런 행동은 아버지의 아들로서는 불명예스러운 일이었으나, 색유리를 통해 세상을 보던 나는 내가 얼마나 타락해가고 있는지도 미처 몰랐지.

첫 번은 성공이었어. 금과 비단 등 값진 상품을 왕창 노획했어. 이 전리품들을 우리는 기니로 가져가서 탕진했지.

그러나 두 번째는 운이 좋지 못했어. 노획을 하는 참에 대상들이 돈을 주고 고용한 원주민 추장의 창잡이에게 포위를 당했어, 우리들 중 우두머리 둘은 죽고, 나머지는 모두 다마스커스로 끌

려가 거기서 옷을 벗기고 노예로 팔렸어.

나는 한 시리아 추장에 의해 은 두 냥에 팔렸지. 머리는 깎이고 하반신만 겨우 가리는 옷을 입으니까 나도 다른 노예들과 별다를 바가 없었어. 분별 없는 젊을 때라 이것도 그저 인생의 한 모험이려니 했는데, 주인이 나를 자기의 네 명의 아내들 앞에 데려다 놓고 내시로 만들어 쓰려면 쓰라고 할 때야 비로소 정신이 번쩍 들었어.

그제서야 나는 내가 피할 수 없는 어려운 상황에 처한 것을 알았어. 사막 민족인 이들은 거칠고 사납기가 그지없었어. 무기도 없고 도망칠 방법도 없고, 나는 그들의 뜻대로 할 수밖에 없었어.

그 여자들이 나를 훑어보는데, 나는 떨면서 서 있었어. 어떻게 하면 동정을 받을까 생각해 봤어. 첫 부인인 시라는 다른 여자들보다 나이가 많았어. 나를 바라보는 그녀의 표정은 무감각했어. 나는 가망이 없다 싶어 그녀에게서 눈을 돌렸지.

그다음 여인은 거만한 표정으로, 마치 내가 버러지라도 되듯이 무관심하게 나를 쳐다보았어. 그 아래 젊은 여자 둘은 아주 재미난 일인 듯 키득거리고. 무슨 명령이든지 떨어지기를 기다리며

서 있는 그 순간은 마치 한 백 년은 되는 것 같았어.

네 여자는 서로 다른 사람이 결정하기를 바라는 눈치였어. 마침내 시라가 차가운 목소리로 말을 꺼냈어.

'내시는 충분히 많습니다. 그런데 낙타지기가 얼마 없고, 그나마 쓸만한 것들이 없습니다. 오늘만 해도 열이 나서 고생하시는 친정 어머님께 갔다 와야 하겠는데 믿고 데리고 갈 노예가 없습니다. 이 자가 낙타를 몰 수 있는지 한번 물어봐 주옵소서.'

그러자 내 주인이 '낙타에 대해 아는 것이 있느냐?'고 물었어. 나는 반가운 것을 억지로 감추며 이렇게 대답했지.

'무릎을 꿇게 하고 짐을 싣고, 지치지 않고 장거리 여행도 시킬 수 있습니다. 또 장식물도 필요하면 고칠 수 있지요.'

'그놈 말 한번 아주 잘 하는구나. 시라, 그대가 정히 그렇게 원한다면 이 자를 그대의 낙타지기로 쓰도록 하오.'

그래서 나는 시라에게로 넘어갔고, 그날 나는 그녀의 낙타를 몰고 병난 그녀의 어머니에게로 먼 길을 떠났지.

이때다 싶어 나는 그녀에게 감사의 말을 전하고, 사실은 태어날 때부터 노예가 아니라 자유인이며, 바빌론의 존경받는 안장

제조업자의 아들임도 밝혔어. 여기에 대한 그녀의 대답은 아리
송한 것이었고, 나는 그녀가 한 말을 두고두고 곰곰히 생각해 보
았어.

'자기가 잘못해 이 지경이 되고서 어떻게 그런 자신을 자유인
이라고 부를 수 있을까? 만약 어떤 사람이 그 안에 노예근성을
갖고 있다면 출생에 관계 없이 물이 수평을 찾는 것처럼 노예가
되는 것이 아닐까? 또 만약 어떤 사람이 자유인의 근성을 갖고
있다면, 아무리 불운이 닥쳤다 해도 자기 고향에서 존경받고 대
우받는 사람이 되는 것이 아닐까?'

일 년을 넘게 나는 노예생활을 하면서 다른 노예들과 함께 살
았지만, 그러나 그들과 섞일 수가 없었어. 어느 날 시라가 묻더
군.

'다른 노예들은 다 섞여서 즐겁게 노는데 너는 왜 네 처소에 혼
자 앉아 있느냐?'

그 말에 나는 이렇게 대답했지.

'마님께서 하신 말씀을 생각하고 있는 중입니다. 내가 노예근
성이 있는가를요. 나는 저들과 섞일 수가 없습니다. 그래서 혼자

떨어져 있는 겁니다.'

'나 역시 혼자야.' 그녀는 이렇게 털어놓았어.

'나는 지참금이 많았지. 그래서 우리 주인은 그것 때문에 나하고 결혼한 거란다. 그러나 그는 나를 사랑하지 않아. 모든 여인들의 바람이 내게도 있지. 이것 때문에 아이를 갖지 못해. 아들도 딸도 없기 때문에 나는 이렇게 혼자야. 내가 만약 남자라면 이런 노예가 되느니 차라리 죽겠지만, 우리 부족의 전통은 여자를 노예로 취급하니까.'

'지금까지 마님께서는 저를 어떻게 생각하고 계십니까? 저는 인간의 근성을 갖고 있습니까, 아니면 노예근성밖에 갖고 있지 못합니까?' 나는 갑자기 이렇게 물었어.

'너는 바빌론에서 네가 진 빚을 갚고 싶은 생각이 있느냐?'

'예, 있습니다. 하지만 길이 없습니다.'

'네가 그냥 세월이 흐르는 것에 만족하고 갚으려고 전혀 노력하지 않으면, 그때는 너는 경멸받을 노예근성을 갖고 있는 거다. 그렇지 않고서는 자신을 존경할 수 있는 사람이 없고, 정직하게 빚을 갚지 않는 자신을 존경할 사람은 없는 것이다.'

'이렇게 시리아에서 노예로 있으면서 어떻게 할 수 있습니까?'

'시리아에서 그냥 노예로 있어라. 너는 약해지고 있다.'

'저는 약하지 않습니다.' 나는 강하게 반박했어.

'그럼 입증해 보아라.'

'어떻게요?'

'너의 위대한 왕은 적을 있는 힘껏 몰아내지 않느냐? 네 적은 네 빚이다. 그것들이 너를 바빌론에서 몰아냈어. 너는 그것들을 그냥 내버려 두었고, 이젠 너로서는 감당하기 어렵게 강해졌어. 남자로서 그것들과 싸웠다면 너는 그것들을 이겨냈을 것이고, 고향 사람들의 신망을 받는 사람이 되었을 텐데. 그러나 너는 싸울 용기를 갖고 있지 않고, 자굴심(自屈心)을 내세우면서 드디어는 시리아의 노예로 전락하고 말았지.'

나는 그녀의 심한 말을 곰곰이 생각하고 내가 정신으로는 노예가 아님을 증명할 많은 변명을 생각해 두었지만 그걸 입 밖에 낼 기회가 없었어.

사흘 후, 시라의 하녀가 마님이 부른다며 나를 데리러 왔어.

'어머니가 또 매우 위독하셔. 이 집에서 제일 좋은 낙타를 골라

두 마리에 안장을 얹어라. 장거리 여행을 할 테니 물통하고 가죽 안장을 메거라. 부엌 장막에서 하녀가 음식을 줄 거다.'

나는 하녀가 주는 식량이 필요 없게 많다 싶으면서 낙타 등에 짐을 실었어. 친정까지는 하루거리도 안 됐으니까. 하녀는 뒤쪽에 따라오는 낙타 등에 타고, 나는 마님의 낙타를 몰았지. 우리가 친정에 도착했을 때는 벌써 어두웠어. 시라는 하녀를 내보내고 내게 이렇게 말했어.

'다바시, 너는 자유인의 근성을 갖고 있느냐, 아니면 노예근성을 갖고 있느냐?'

'자유인의 근성입니다.'

'그럼 지금이 그걸 보여 줄 기회다. 주인은 술을 많이 마시고 부하들도 다 골아떨어졌다. 이 낙타를 가지고 도망가거라. 이 자루 안에 주인의 옷이 있으니 그걸 입고 가거라. 나는 내가 친정에 있는 동안 네가 낙타를 훔쳐 달아났다고 말해 주겠다.'

'마님은 여왕 같으신 분이옵니다. 마님께서 행복하시도록 이 몸이 앞장섰으면 하는 것밖에 이 몸의 간절한 바람이 없습니다.'

'먼 나라 낯선 사람들 사이에서 행복을 찾는 도망친 아내에게 행복은 찾아오지 않아. 어서 네 길을 가거라. 길이 멀고 식량과 물도 모자랄 테니 사막의 신들께서 보호해 주시기를 바란다.'

나는 마음 깊이 뜨겁게 감사드리고 어둠 속을 향해 뛰면서 도망을 갔어. 이 낯선 나라를 잘 알지 못했지만, 바빌론이 있는 방향은 어렴풋이 알고 있었어. 낙타 한 마리는 타고 한 마리는 끌었어. 주인의 재산을 훔쳐 도망간 노예에게 닥칠 운명을 예감하면서 밤새 길을 가고, 그 다음날도 계속 갔어.

그날 오후 늦게 나는 사막처럼 도저히 사람이 살 수 없는 산골짜기에 다다랐어. 뾰족한 바위에 내 충직한 낙타는 발이 찔렸고, 두 낙타는 천천히 그리고 고통스럽게 길을 걸었어. 나는 사람도 짐승도 만나지 못했어. 얼마나 생물이 살기 힘든 땅인지 알 수 있었지.

날이면 날마다 우리는 괴로운 길을 하염 없이 걸었어. 물과 식량은 다 떨어졌고, 뜨거운 햇빛은 사정이 없었어. 9일째 되던 날, 나는 낙타 등에서 미끄러져 떨어졌고, 도저히 다시 올라갈 기력이 없는 것을 느끼며, 아무도 없는 땅에서 죽을 것 같은 확실한 예감이 들었어.

나는 땅바닥에 엎드려서 잤어. 그러다 새벽 햇살에 눈을 떴지. 일어나 앉아서 주위를 살펴보았지. 아침 공기가 시원하더군. 낙타들도 저만치 지쳐 떨어졌더군. 사방에는 온통 바위와 모래와 가시 덮인 거친 산뿐, 물 한 모금도, 사람이나 낙타가 먹을 음식은 하나도 없었어.

이 평화스런 정적 속에 정말 이제 내 목숨의 끝인가? 정신은 더욱 맑아졌어. 내 몸은 그다지 중요하지 않았어. 피가 흐르는 바싹 탄 입술, 마르고 부은 혀, 며칠간 먹지 못해서 텅 빈 속, 이런 것들이 모두 잊혀졌지.

나는 낯설은 사방을 멀리 둘러보며 다시 이렇게 내 자신에게 물었어. 나는 노예근성을 갖고 있는가, 아니면 자유인의 근성을 갖고 있는가? 그리고는 정신이 맑아지며 내가 만일 노예의 근성을 갖고 있다면, 나는 여기서 포기하고 사막에 쓰러져 도망친 노예에게 맞는 생의 마지막을 맞으며 죽어야 한다는 깨달음이 얼핏 다가왔어.

그러나 내가 만약 자유인의 근성을 갖고 있다면, 나는 힘을 내어 바빌론으로 돌아가 나를 믿어 준 사람들에게 진 빚을 갚고, 나를 진실로 사랑하며 우리 부모에게 평안과 만족을 가져다준 내 아내에게 행복을 안겨 주어야 할 것이다.

'너의 적은 너를 바빌론에서 내쫓은 너의 빚이다.' 시라는 내게 이렇게 얘기했었다. 정말 그렇다. 왜 나는 남자로서 고향에서 그대로 버티지 못했나? 왜 나는 아내가 친정으로 가게 버려두었나?

그때 이상한 일이 일어났어. 지금까지 내가 세상을 보던 색유리가 싹 없어지면서, 세상은 온통 다른 색깔로 보이더군. 처음으로 생을 참모습대로 본 거지. 사막에서 죽다니! 그건 안 되지! 새 희망으로 나는 내가 해야 할 일을 보았어. 우선 나는 바빌론으로 가서 내가 아직 갚지 못한 빚의 주인들을 찾아 뵈어야 한다.

나는 방황과 불운의 몇 년을 보내고 이제 신들께서 허락하시는 한 빨리 빚을 갚기 위해 왔노라고 말해야 한다. 그리고 나는 아내에게 가정을 마련해 주고, 내 부모가 자랑스러워할 사람이 되어야 한다.

나의 적은 나의 빚이다. 그러나 내가 빚진 사람들은 나의 친구들이다. 나를 신용하고 믿어 준 사람들이니까.

나는 간신히 일어섰어. 배고픔이 무슨 문제랴! 목마름이 무슨 상관이랴! 그것들은 바빌론으로 가는 길에 일어난 사건에 불과하다. 내 안에는 적과 싸워 이기고, 친구들에게 빚을 갚을 자유인으로서의 용기가 샘솟아 올랐어. 새 결심으로 온몸이 떨렸어.

내 쉰 목소리의 달라진 어조에 낙타들도 눈이 달라졌어. 몇 번의 시도 후에 어렵게 낙타들은 겨우 일어섰어. 눈물이 나도록 이를 악물고 북쪽으로 향했지. 어쩐지 그리로 가야 바빌론이 나올 것 같았어.

우리는 물을 발견했지. 풀과 과일이 있는 더 비옥한 땅도 지났어. 우리는 바빌론으로 가는 길을 찾았지. 노예의 근성은 '내가 노예인데 어떻게 하란 말이요?' 라고 투덜대지만, 자유인의 근성은 인생을 풀어야 할 숙제의 연속으로 보고 그것을 푸니까.

타카드, 자네는 어떤가? 빈 속 때문에 머리가 이상하도록 맑아지지 않나? 자존심을 되찾을 길을 갈 준비가 되었나? 세상을 본래의 색깔로 볼 수 있나? 아무리 빚이 많다 해도 그것을 정직하게 다 갚고 다시 한번 바빌론에서 존경받는 사람이 될 수 있나?"

타카드의 눈에는 물기가 서렸습니다. 그는 힘을 내서 일어섰습나다.

"아저씨께서 제게 희망을 보여 주셨습니다. 벌써 제 안에서는 자유인의 근성이 솟구쳐 오릅니다."

듣고 있던 사람들 중의 하나가 물었습니다. "그런데 돌아온 다음 돈은 어떻게 벌었습니까?"

다바시는 대답했습니다.

"뜻이 있는 곳에 길이 있다. 결심이 섰으므로 길을 찾으러 나섰지. 우선 내가 빚을 진 사람들에게 일일이 찾아가서 빚을 갚을 시간을 달라고 간청을 했어. 대개는 기꺼이 맞아 주더군.

몇 사람은 나를 욕하기도 했지만 돕겠다고 하는 사람들도 있었어. 그중 한 사람은 정말 필요한 도움을 내게 주었어. 사채업자인 마돈이었지. 그는 내가 시리아에서 낙타몰이를 한 것을 알고, 나를 낙타상인 네바트에게 보냈고, 그는 폐하께서 멀리 나가서 좋은 낙타를 사오라는 엄명을 받고 있었어. 그와 함께 나는 낙타에 대한 지식을 유감없이 발휘할 수 있었어. 점차 빚을 갚아 나갔지. 나중엔 나도 고개를 쳐들고 존경받는 사람까지 될수 있었어."

다바시는 다시 음식 쪽으로 눈을 돌렸습니다.

"카우스코, 이 뱀 씨." 그는 주방에서도 다 들리도록 크게 불렀습니다.

"음식이 식었다. 갓 구운 고기를 좀 더 갖다 줘. 내 옛 친구의 아들 타카드에게도 큼지막한 덩어리 하나 갖다주고. 지금 배가 고플 거야. 같이 먹게."

고대 바빌론의 낙타상 다바시의 얘기는 이렇게 끝났습니다. 그는 큰 진리, 이미 오래 전 현인들이 알고 이용했던 진리를 깨닫고 자신의 영혼을 찾았습니다. 그것은 어느 시대의 사람이고 어려움에서부터 성공으로 이끌어 주었으며, 그 마력을 이해할 지혜가 있는 사람들에게는 마찬가지일 것입니다. 이 글을 읽는 모든 사람들에게 말입니다.

part. 9

바빌론에서 나온 점토판

노팅험대학교

세인트 스위신 대학

1934년 10월 21일

메소포타미아, 힐라

영국 과학탐험대

프랭클린 콜드웰 교수님 귀하

친애하는 교수님,

바빌론의 유적지에서 교수님께서 최근 발굴해 내신 다섯 개의 글자판이 교수님의 편지와 함께 같은 배로 도착했습니다. 저는 이 일에 끝없이 매료되며 이 글자들을 해독하는 데 즐거운 시간을 보냈습니다. 교수님께 즉시 편지를 썼어야 할 것이었습니다마는 관련된 부분의 해석까지 마치느라 늦어졌습니다.

글자판은 교수님의 세밀한 방부제 사용과 훌륭한 포장 덕분에 하나도 손상됨이 없었습니다.

이에 관련된 얘기에는 교수님께서도 연구실에 있는 저희만큼 놀라시리라 생각됩니다. 일반적으로 기대되는 것은, 먼 희미한 과거의 낭만과 모험에 관련된 그런 것일 것입니다. 왜 「아라비안 나이트」 같은 것 있지 않습니까? 그런데 뜻밖에 다바시라는 어떤 사람이 빚을 갚아 나가는 그런 얘기임을 알 때, 읽는 사람은 그 고대의 상황이 5천 년이 지난 지금이나 조금도 변함이 없음을 알게 됩니다.

그러나 우리 학생들이 얘기하듯, 이 고문(古文)은 저를 비교적 속 깨나 썩혔습니다. 나는 그래도 교수이고, 따라서 웬만한 분야에는 지식을 갖고 있고, 사고력이 있는 사람이 아닙니까? 그런데 이 먼지 쌓인 바빌론의 유물에서 툭 튀어나온 이 옛 친구는 이제껏 내가 한 번도 들어 본 적이 없는 빚 갚는 법과, 동시에 지갑 속에 금화가 짤랑거리게 하는 법을 보여주는 것이었습니다.

과연 이것이 고대 바빌론에서처럼 지금도 적용이 될지 상당히 재미있기도 하고 즐겁기도 한 생각이 듭니다. 아내와 나는 곤궁에 처한 우리 집 경제에 이 방법을 도입해 한번 실천해 볼 계획입니다.

그럼 하시는 모든 일에 행운이 깃드시기를 빌며, 다시 도울 기회가 있기를 열심히 기다리겠습니다.

노팅험 대학교 세인트 스위신 대학

고고인류학과

알프레드 H. 슈르스베리

글자판 1번

달이 찬 지금, 얼마 전 시리아에서 노예생활을 하다가 고향 바빌론에서 진 빚을 다 갚고 존경받는 부자가 되기 위해 돌아 온 나 다바시는, 여기 이 판 위에 내 높은 꿈을 달성하기 위해 힘이 되고 길잡이가 되어 줄 나의 계획들을 영원히 기록해 놓고자 한다.

나의 좋은 친구 사채업자 마돈의 지혜로운 충고하에, 나는 그가 말하는 어떤 사람이고, 빚에서 헤어나 풍족하게 살며 자존심을 일으킬 수 있다는 한 정확한 방법에 따를 결심이 섰다.

이 계획은 나의 꿈이요 소망인 세 가지 목표를 포함하고 있다.

첫째, 이 계획은 나의 미래의 풍족을 마련해 준다.

따라서 내가 버는 액수의 10분의 1은 나만이 간직하도록 떼어 저축할 것이다. 마돈은 내게 이런 좋은 말을 해주었다.

쓰지 않아도 될 금과 은을 지갑에 간직해 두는 사람은 식구에게 잘하고 왕께 충성한다. 지갑에 단돈 몇 냥밖에 없는 사람은 자기 식구에게 무관심하고 왕에게 무관심하다.

지갑에 한 푼도 없는 사람은 식구에게 못하고 왕께 불충하는 것이 된다. 왜냐하면, 우선 자기 마음이 괴롭기 때문이다.

따라서 성취욕이 있는 사람은 지갑에 돈을 간직해 두어야 한다. 그래야 마음속에 가족에 대한 사랑과 왕께 대한 충성심을 갖게 된다.

둘째, 이 계획은 친정에 있다 나를 믿고 돌아온 내 사랑스러운 아내를 먹여 살리고 입히기 위한 준비이다. 마돈은 믿음이 있는 아내에게 잘하면 남자는 마음속에 자존심을 세울 수 있고, 목적 달성에 의지와 용기를 더 할 수 있다고 했다.

따라서 내가 버는 총수입의 10분의 7은 집을 마련하고 옷을 사고 식량을 사고 예비비를 두는 등, 우리 생활이 즐겁고 안정되기 위해 쓰여질 것이다. 그러나 마돈은 내가 이 보람 있는 일들을 위해서라도 10분의 7 이상을 소비해서는 안 된다고 주의를 주었다. 성공의 비결은 여기에 있다. 나는 이 한도 안에서 살고, 이 한도를 벗어나는 것은 더 써서도 안 되고 더 사서도 안 된다.

글자판 2번

셋째, 이 계획은 버는 것에서 빚을 갚아 나가는 것이 포함된다. 따라서 보름날에는 꼭 내 수입의 10분의 2는 나를 믿고 내게 돈을 빌려준 사람들에게 공정하게 공손한 마음으로 나누어 줄 것이

다. 이렇게 하면 얼마쯤 가서는 빚도 다 갚아질 것이다.

따라서 여기에 나는 내가 빚진 사람들의 이름과 빚 액수를 정확하게 적어 놓는다.

베틀장이 파루에게 은 두 냥, 동 여섯 냥.

의자장이 신자르에게 은 한 냥.

내 친구 아하마에게 은 세 냥, 동 한 냥.

내 친구 잔카에게 은 네 냥, 동 일곱 냥.

내 친구 아스카마에게 은 한 냥, 동 세 냥.

보석장이 하린시어에게 은 여섯 냥, 동 두 냥.

아버지 친구 다이아베커에게 은 네 냥, 동 한 냥.

집주인 알카하드에게 은 열네 냥.

농부 비레직에게 은 한 냥, 동 일곱 냥.

(여기서부터는 분해되어 해독 불능)

글자판 3번

내게 돈을 빌려준 사람들에게 나는 모두 은 백십구 냥과 동 백

사십일 냥을 빚지고 있다. 나는 이것을 빚지고 갚을 길이 없어 어리석게도 아내를 친정으로 보내고, 나 자신은 고향을 떠나 다른 곳에서 쉽게 돈을 벌어 볼까 하다가, 결국은 고생을 하다 나중에는 노예로 팔리는 신세로까지 전락했었다.

이제 마돈이 내 수입 가운데서 적은 양으로 이 빚을 갚을 수 있는 방법을 얘기해 주었기 때문에, 지금 생각하면 낭비벽의 결과를 두고 도망친 것이 얼마나 어리석은가를 깨닫는다.

따라서 나는 채권자들을 찾아가 돈을 벌어서 갚을수 있는 방법밖에는 없기 때문에, 내 수입의 10분의 2를 공평하고 정직하게 떼어 갚을 작정이라고 설명을 했다. 이만큼은 갚을 수 있지만 그 이상은 불가능하다고 했다. 따라서 좀 참아 주면 곧 빚은 다 갚아질 거라고 했다.

내가 가장 친하다고 생각했던 아하마는 나를 심하게 욕했고, 나는 창피를 당하고 그의 집을 나섰다. 농부인 비레직은 사정을 하면서, 돈이 꼭 필요하니 자기 돈부터 제발 먼저 갚아달라고 했다. 집주인인 알카하드는 동의를 안 하면서 내가 금방 돈을 갚지 않으면 나를 곤란에 처하게 하겠다고 고집했다.

나머지 사람들은 선뜻 나의 제안을 받아들였다. 따라서 남의 돈을 떼어먹는 것보다 갚는 것이 쉬운 일이라는 생각이 들어 전보다 더욱 이것을 실천해 나갈 결심을 굳게 했다. 비록 채권자들 가운데 몇몇이 나의 요구 및 주문을 들어 줄 수 없다 해도 나는 인내를 가지고 다 해결해 나갈 것이다.

글자판 4번

다시 보름달이 환하게 비친다. 나는 자유로운 마음으로 열심히 일했다. 나의 아내는 빚을 갚겠다는 내 의도를 이해하고 뒷받침해 주었다. 지난 한 달 동안 나는 다리가 튼튼하고 살진 낙타를 샀다가 팔아서 은 열아홉 냥을 벌었다.

이것을 나는 계획에 따라 나누었다. 10분의 1은 내 몫으로 따로 떼어 두고, 10분의 7은 아내에게 주어 살림에 쓰도록 했다. 10분의 2는 동전으로까지 나누어 채권자들에게 갖다주었다.

아하마는 보지 못하고 대신 그의 처에게 주고 왔다. 비레직은 기뻐하며 내 손에 입을 다 맞추려고 했다. 알카하드 노인만이 계속 심통을 내며, 어서 다 갚으라고 재촉을 했다. 그 말에 나는 내가 잘 먹고 걱정 없이 살 수 있게 되면 돈은 더 빨리 갚게 될거라고 대답했다. 다른 사람들은 모두 감사하며 내 노고를 격려했다.

한 달이 지나자 내 빚은 거의 은 네 냥 정도가 줄어들었고, 그밖에 누구도 손댈 수 없는 은 두 냥 정도의 내 돈이 생겼다. 나는 그전 어느 때보다도 마음이 가벼웠다.

다시 보름달이 밝았다. 나는 열심히 일했지만 그다지 성공은 못했다. 낙타 몇 마리밖에 사고팔지 못했다.내가 번 것은 은 열한 냥에 불과했다. 그래도 아내와 나는 헐벗고 풀뿌리밖에는 못먹고 살면서도 계획을 실천에 옮겼다. 다시 우리는 열한 냥 중 10분의 1을 떼고 10분의 7만으로 살았다.

아하마가 비록 작은 돈이었지만 나를 칭찬하는 것을 보고 나는 놀랐다. 비레직도 마찬가지였다. 알카하드는 화를 불같이 냈지만, 내가 싫으면 그만두라고 하자 누그러졌다. 다른 사람들은 전처럼 만족했다.

다시 보름달이 빛나고, 나는 크게 기뻐할 일이 생겼다. 좋은 낙타 떼를 잡아 크게 이익을 남겨서 나의 수입은 은 마흔두 냥이나 되었다. 이달에는 아내와 내가 오랫동안 소망해 왔던 신발과 옷을 샀다. 먹는 것도 고기와 닭 등을 잘 먹었다.

우리는 채권자들에게 은 여덟 냥 이상을 갚았다. 알카하드까지 뭐라고 하지 않았다. 이 계획은 우리를 빚에서 건져주고 있을 뿐 아니라, 우리 몫인 재산까지 모아 주고 있었기 때문에 대단한 것이었다.

마지막으로 이 글자판에 글을 새기고 난 후 세 번째 달이 찼다. 그때마다 나는 번 돈의 10분의 1을 내 것으로 했다. 힘들 때가 많았지만, 그래도 아내와 나는 10분의 7로 생활해 나갔다. 그리고 매번 채권자들에게 10분의 2를 갚아 나갔다.

이제 내 지갑에는 은 스물 한 냥이 온전히 내 것으로 남아 있다. 이것 때문에 나는 어깨를 펴고 고개를 들고 다니며, 친구들과 다닐 때에도 떳떳하게 다닐 수가 있다.

아내는 살림을 잘하고 옷도 잘 입고 다닌다. 우리의 생활은 즐겁다. 이 계획의 가치는 이루 말할 수 없이 크다. 이것이 과거 노예였던 이 사람을 존경받는 사람으로 만들지 않았던가?

글자판 5번

다시 보름달이 떠 오르고, 글자판에 글을 쓴지도 오래라는 생각이 든다. 정말 그 사이에 보름달이 열두 번 떴다 졌다. 오늘은 그러나 내 기록을 넘길 수 없는 날이다.

오늘이 마지막 빚을 다 갚은 날이니까. 오늘은 아내와 내가 결심대로 이행한 것을 크게 축하하며 잔치를 벌인 날이었다.

채권자들을 마지막 찾아갔을 때의 일은 오래 기억에 남을 일이었다. 아하마는 자기의 무례한 말에 용서를 빌고, 자기도 나와 친구가 되기를 가장 바라는 다른 사람들 중의 하나라고 했다.

알카하드 노인도 결국은 그렇게 나쁜 사람은 아니었다. 그는 이렇게 말했다. '전에 자네는 자네를 만지는 손마다 다 누르고 주무를 수 있는 부드러운 진흙덩이였지만, 지금은 각을 이룬 청동과도 같네. 은이나 금이 필요하면 내게 오게.'

나를 높이 평가하는 사람은 그뿐만이 아니었다. 많은 사람들이 내게 경의를 표하는 말을 했다. 아내는 남자로 하여금 자신감을 갖게 하는 그런 눈빛으로 나를 바라보았다.

그러나 내게 성공을 가져다준 것은 계획이다. 이것이 내 빚을 다 갚고 지갑에 금과 은이 짤랑거리게 해주었다. 나는 헤어나고 싶은 모든 사람들에게 이 방법을 권유한다. 노예였던 이 사람이 빚을 다 갚고 지갑에 돈까지 모았는데, 어떻게 자립을 하고 싶은 사람에게 왜 도움이 안 되겠는가? 나 자신도 이것으로 끝난 것은 아니다. 이렇게 계속해 나가면 나는 부자가 될 것이기 때문이다.

노팅험 대학교

세인트 스위신 대학

1936년 11월 7일

메소포타미아, 힐라

영국 과학탐험대

프랭클린 콜드웰 교수님 귀하

친애하는 교수님,

만약 바빌론의 유적을 더 파시다가 거기서 옛날에 살았던 다바시라는 낙타 상인의 혼백을 만나거든 고맙다고 전해 주십시오. 그렇게 오래전에 그가 쓴 글자판 위의 글들이 지금 이곳 영국의 한 대학 교수 부부에게 평생의 은혜를 입게 해주었다고 말씀해 주십시오.

교수님께서도 일 년 전 아내와 제가 빚에서 헤어나고, 동시에 저축을 할 수 있도록 이 계획을 한 번 실천해 보겠다고 했던 편지 내용을 아마 기억하실 것입니다. 비록 친구들에게는 숨기려고 애썼지만, 교수님께서도 저희의 어려운 사정을 어렴풋이 짐작은 하셨을 것입니다.

우리는 옛날 빚 때문에 몇 년을 무서운 굴욕 속에 살아왔고, 또 상인들이 스캔들을 일으켜 대학의 일자리마저 쫓겨나지 않을까 해서 무척 걱정을 했습니다. 우리는 최대한 빚을 갚으려고 애썼습니다. 푼푼이 갚는 데도 빚은 줄어들 줄을 몰랐습니다. 게다가 외상을 주는 곳은 우리가 빚진 곳뿐이니 더 비싼 가격으로 외상을 질 수밖에 없었습니다.

빈곤의 악순환이었습니다. 일은 점점 더 꼬여만 갔습니다. 아무리 애를 써도 소용이 없었습니다. 땅 주인에게도 빚을 지고 있어 집값이 싼 곳으로 이사조차 할 수 없었습니다. 어떻게 해야 이 상황을 벗어날 길이 되는지 막막했습니다.

그런데, 교수님을 통해 바빌론의 이 옛날 낙타 상인을 알게 되었고, 그는 정말 우리에게 필요한 한 계획을 가지고 있었습니다. 우리가 자기의 뒤를 따르도록 충분히 우리를 자극했습니다. 우리는 진 빚을 목록으로 만들어 가지고 다니며 채권자들에게 전부 보여 주었습니다.

나는 그들에게 빨리 돈을 갚을 수 없음을 설명했습다. 그들도 숫자로 보아서 이것을 쉽게 알 수 있었습니다. 이어 나는 내가 빚을 다 갚을 수 있는 길은 매달 내 수입의 20퍼센트를 비례로 나누어 갚는 길이고, 따라서 완전히 다 갚을 때까지는 2년이 조금 넘게 걸릴 것임을 설명했습니다. 그리고 그 동안에 우리는 현금으로 물건을 사도록 하겠다고 했습니다.

그들은 정말 아주 점잖았습니다. 지혜로운 우리 채소가게 할아버지께서는 아주 좋은 말씀을 해주셨습니다. '사는 것은 모두 돈을 주고 빚진 것도 돈을 일부 주면 지금까지보다는 훨씬 낫지.

내가 물건은 싸게 줄게.'

마침내 나는 모든 채권자들에게 내 수입의 20퍼센트는 꼭 빚으로 갚을 테니, 그 이상 독촉하지 않도록 해 달라는 동의를 구했습니다. 그리고 우리는 70퍼센트로 사는 방법을 강구했습니다. 나머지 10퍼센트는 간직하기로 결심했습니다. 은과 어쩌면 금이 될지도 모를 그것을 생각하면 한층 기운이 솟았습니다.

변화를 만들기 위해서 그것은 마치 모험과도 같았습니다. 우리는 남는 70퍼센트로 편안하게 살기 위해 이 방법 저 방법을 강구했습니다. 집세에서부터 시작해서 줄일 수 있는 것은 다 줄였습니다. 그 다음 좋아하던 브랜드 차도 끊으면서 우리는 아주 적은 경비로 썩 잘 지낼 수 있는 것을 보고 놀랐습니다.

편지로 쓰기는 긴 얘기지만 어렵지는 않았습니다. 우리는 그 일을 그럭저럭 잘 해 나갔습니다. 지나간 빚 때문에 더 이상 압박받지 않아도 되게 되었을 때 그 안도감이란!

그러나 우리가 모아 둔 10퍼센트도 얘기를 빼서는 안 되겠지요. 정말 우리는 그 얼마 안 되는 돈을 딸랑거렸습니다. 너무 빨리 웃지 마십시오. 흥미 있는 얘기입니다. 돈을 안 쓰고 모은다는 것이 정말 얼마나 재미있었는지 모릅니다. 쓰는 것보다 모으는 것이야말로 진짜 기쁨이었습니다.

마음이 흡족할 만큼 돈을 모은 후 우리는 보다 쓸모 있게 사용할 방법을 강구했습니다. 우리는 매달 그 10퍼센트로 할 수 있는 투자를 생각했습니다. 우리의 재생 가운데 그것은 가장 만족스러웠습니다. 내 월급봉투에서 제일 먼저 나가는 돈이 그 돈이었습니다.

우리의 투자가 꾸준히 늘어가고 있다는 사실은 우리에게 큰 만족감을 주었습니다. 얼마 안 있어 정년이 지나고 나면 그 수입으로 살아갈 수 있을 것입니다.

월급은 예나 지금이나 달라진 것이 없습니다. 믿기는 어렵겠지만 정말 사실입니다. 빚은 점차 갚고 동시에 투자는 늘고. 뿐만아니라 재정적으로 전보다 훨씬 나아졌습니다. 경제계획을 세우는 것과 그냥 무작정 사는 것과의 사이에 이렇게 큰 차이가 있을 줄 누가 알았겠습니까?

내년 말에 우리의 빚이 다 갚아지고 나면 투자에 들어가는 돈을 더 늘리고 여행비도 마련할 생각입니다. 우리는 다시는 수입의 70퍼센트 이상을 생활비에 들이지 않기로 결심을 했습니다.

이제야 교수님께서는 왜 우리가 '지상의 지옥'에서 우리를 구해 준 그 사람에게 개인적 감사를 드리고 싶은지 이해하실 겁니다.

그는 알고 있었습니다. 그는 통달해 있었습니다. 그는 다른 사람들이 자신의 쓰라린 경험에서 이익을 보기를 원했습니다. 그래서 지겨운 시간을 판 위에 새기는 데 보낸 것입니다.

그는 같이 고생하는 동료들에게 줄 진짜 메시지, 천 년이 지난 지금에도 그 당시나 마찬가지로 생생하고 쓸모 있는 메시지를 갖고 있었습니다.

노팅험 대학교 세인트 스위신 대학

고고 인류학과

알프레드 H. 슈르스베리

part. 10

바빌론에서 가장 운이 좋은 사나이

낙타 대상의 맨 선두에 바빌론의 거부상 사루 나다는 기세있게 앉아 있었습니다. 그는 좋은 천에 화려하고 어울리는 망토를 걸치고 있었습니다. 그는 세련된 동물들을 좋아했고, 기운찬 아라비아산 종마에 편안히 앉아 있었습니다. 얼핏 보아서는 그의 지나간 과거를 짐작하기란 어려웠습니다. 그가 얼마나 정신적 고통을 겪었는지 아무도 모를 것이 분명했습니다.

다마스커스에서부터의 길은 멀고 사막의 어려움은 컸습니다. 그러나 이런 것들은 그의 걱정이 아니었습니다. 사나운 아라비

아족들이 낙타 대상을 습격하려고 혈안이 되어 있었습니다. 그러나 이것도 날센 보초들이 튼튼히 지키고 있기 때문에 염려할 바가 아니었습니다.

그의 걱정거리는 다마스커스에서부터 데려온 옆에 있는 젊은이 때문이었습니다. 그는 전날 동업자이며, 그가 평생 다 갚아도 갚지 못할 죄를 진 것 같은 생각이 드는 아라드 굴라의 손자였습니다. 그는 이 손자를 위해 무엇이라도 해주고 싶은데, 생각하면 생각할수록 이 젊은이 자체 때문에 그것이 더욱 어려워졌습니다.

청년의 반지며 귀걸이를 훔쳐보며 그는 혼자 이렇게 속으로 생각했습니다.

'이 아이는 보석이 남자에게 맞는 것이라고 생각하면서도, 제 할아버지의 굳센 모습을 그대로 지니고 있군. 그러나 이 애 할아버지는 이런 화려한 옷을 입지 않았다. 그래도 내가 기반을 마련해 주고 제 아버지가 망해서 그곳에서 헤어나게 해줄 수 있을까 해서 찾은 건데.'

이런 생각에 잠긴 그를 깨운 것은 하단 굴라의 목소리였습니다.

"할아버지는 왜 늘 이 긴 여행을 낙타 대상과 함께 다니시며 그렇게 일만 하십니까? 생을 즐기실 그런 시간은 없으십니까?"

사루 나다는 미소를 지었습니다.

"생을 즐겨?"

그는 이렇게 되물었습니다.

"만약 자네가 사루 나다라면 자넨 어떻게 생을 즐길텐가?"

"내가 만약 할아버지처럼 부자라면 저는 왕자같이 살 것입니다. 이런 뜨거운 사막은 다니지 않지요. 지갑에 있는 대로 돈을 다 쓰구요. 제일 좋은 옷에 가장 진귀한 보석들로 치장하고 다닐 거구요. 이런 게 제가 좋아하는 생입니다. 보람 있는 생이구요."

두 사람 다 웃었습니다.

"자네 할아버지는 보석을 지니지 않았지." 사루 나다는 이렇게 말하고 잠시 생각한 뒤에 농담 삼아 이렇게 물었습니다.

"그럼 일은 언제 하고?"

"일은 노예나 하는 거예요."

하단 굴라는 이렇게 잘라 말했습니다. 사루 나다는 입술을 깨물고 아무 대답도 않은 채 침묵 속에 행렬이 비탈을 오를 때까지 그냥 말을 타고 갔습니다. 여기서 그는 고삐를 잡고 멀리 푸른 계곡을 가리켰습니다.

"저기 저 계곡이 있지. 그 아래로 쭉 보면 희미하게 바빌론 성벽이 보일 게야. 벨 사원탑이지. 잘 보면 그 꼭대기 영원의 성화에서 나오는 연기를 볼 수 있네."

"그럼 저것이 바빌론인가요? 세상에서 가장 부유한 도시 바빌론을 전 항상 보고 싶었어요." 하단 굴라가 말했습니다.

"바빌론은 할아버지께서 재산을 모으신 곳이지요. 지금도 살아 계시다면 이렇게 우리가 궁하게 살지는 않을 텐데요."

"왜 세상에 할당된 시간 이상 그의 영혼이 이 땅 위에 남아 있기를 바라지? 자네와 자네 아버지가 할아버지처럼 해나갈 수 있을 텐데."

"글쎄요. 저희는 할아버지만큼 재능이 없어요. 아버지와 저는 할아버지가 재산을 모으신 그 비결을 알지 못하거든요."

사루 나다는 대답 대신에 말고삐를 당기며 계곡으로 가는 길을 생각에 잠겨 말을 달렸습니다. 뒤에서는 낙타 대상이 붉은 먼지 구름을 일으키고 있었습니다. 얼마 후 그들은 궁전 앞길에 이르러 남으로 관개 농장을 지났습니다.

밭에서 쟁기질을 하고 있는 세 사람이 사루 나다의 시선을 끌었습니다. 이상하게 낯익은 듯 했습니다. 참 이상하기도 하지! 40년이 지나 다시 그곳을 지나며 같은 사람이 그곳에 있다는 것은 말이 안 되었습니다. 그런데도 이상하게 그는 그들이 그때 그 사람들인 듯한 느낌이 들었습니다. 한 사람이 헐렁하게 손잡이를 잡고 있었습니다. 나머지 두 사람은 소 옆을 따라 걸으며 쟁기가 뜨지 않도록 눌러 주고 있었습니다.

40년 전 그는 이 사람들을 얼마나 부러워했던가! 그때 입장을 바꿀 수 있다면 그것은 천운이었을 것이다. 그러나 지금은 다르다. 그는 뒤에 열을 지어오는 낙타와 나귀, 그리고 그 위에 실린 다마스커스에서 가져온 비싼 물건들을 자랑스럽게 돌아 보았습니다. 이 모든 것은 그의 재산의 극히 일부분에 지나지 않았습니다.

그는 농부들을 가리키며 말했습니다. "40년 전과 같은 밭에서 아직도 땅을 갈고 있군."

"그럴지는 모르지만 같은 사람들일까요?"

"저기서 나는 보았지." 사루 나다는 이렇게 대답했습니다.

지나간 일들이 주마등처럼 머리를 스치고 지나갔습니다. 왜 나는 과거를 묻어버리고 현재에 살지 못하는 걸까? 그리고 그는 환영처럼 아라드 굴라의 웃는 모습을 보았습니다. 그와 그의 옆에 선 이 냉소적인 청년과의 사이에 벽이 허물어졌습니다.

그러나 이런 방탕한 생각과 보석이 감긴 손을 가진 이 청년을 내가 어떻게 도울 수 있으랴? 일하겠다는 사람에게는 얼마든지 일을 줄 수 있지만, 그러나 너무 고급스러워서 일은 못 하겠다는 사람한테는 아무것도 줄 수 없습니다. 그런데도 그는 빈 말이 아니라 아라드 굴라에게 무엇인가를 해주어야 할 빚이 있었습니다. 그와 아라드 굴라는 그런 적이 없었습니다. 그들은 그런 사람이 아니었습니다.

한 가지 생각이 번개같이 스치고 지나갔습니다. 반대가 일었습니다. 내 가족과 내 지위를 생각해야 한다. 그건 잔인한 짓이다. 가슴 아픈 일이다. 그러나 그는 결정이 빠른 사람이었기 때문에 반대를 물리치고 곧 그것을 행동에 옮기기로 했습니다.

"자네는 자네의 훌륭하신 할아버지와 내가 어떻게 동업을 했길래, 그토록 돈을 벌었는가 그 얘기를 듣고 싶지 않나?"

"돈 버는 방법만 가르쳐 주십시오. 그것만 알면 됩니다." 젊은 이는 슬쩍 피해 대답했습니다.

사루 나다는 대답을 무시하고 계속 말을 이었습니다.

"우리는 처음 저 밭가는 농부들로 시작되었지. 내 나이 자네만 했을 때네. 내가 끼인 행렬이 이쯤 왔을 때, 옛날 농부였던 메 기도는 저 사람들이 느릿느릿 밭을 가는 모습을 보고 비웃는 거야. 메 기도는 내 뒤에 사슬로 묶여있었어. '저 게으른 사람들을 좀 보게.' 그는 이렇게 못마땅해 했어.

'앞에 끄는 사람이나 옆에 받치는 사람이나 도무지 힘을 쓰지 않으려고 하는군. 저래가지고 어떻게 풍성한 수확을 거두지?'"

"메 기도가 할아버지 다음에 사슬로 묶여 있었다고 하셨어요?" 하단 굴라가 놀라서 물었습니다.

"그랬지. 목에는 쇠고리를 걸고, 사이사이에는 무거운 사슬이 쩔렁거리고, 그의 뒤에는 양 도둑인 자바도가 있었어. 하로운에 서 알았던 사람이지. 그리고 맨 끝에 이름을 말하지 않아서 우리가 '해적'이라고 부르는 사람이 있었어. 가슴에 선원의 표시로

뱀이 꼬인 문신이 있었거든. 행렬은 이렇게 네 사람 단위로 걷게 돼 있었어."

"노예로 사슬에 묶여 있었단 말이죠?" 하단 굴라는 믿기지 않는다는 표정으로 물었습니다.

"할아버지께서 내가 옛날에 노예였단 말씀을 안 하시던가?"

"할아버지께서 말씀을 가끔 하신 적은 있지만, 그런 얘긴 전혀 못 들었습니다."

"그분은 정말 어떤 비밀이라도 지켜주시는 분이셨지. 자네도 내가 믿어도 좋은 사람이겠지 안 그렇나?"

사루 나다는 그의 눈을 똑바로 보았습니다.

"물론 비밀을 지키겠습니다만, 사실 전 어리둥절합니다. 어떻게 노예가 되셨어요?"

사루 나다는 어색한 표정을 지었습니다.

"누구라도 노예가 될 수 있지. 나를 그 재난으로 몰아넣은 것은 도박과 술이었으니까. 형의 무절제한 생활 때문이었지. 형은 싸우다가 친구를 죽였어. 아버지는 형이 법에 따라 처형당할까 봐 어느 과부에게 나를 맡기고 돈을 쓰셨어. 아버지가 그 빚을 갚지 못하자 과부는 화가 나서 나를 노예 상인에게 팔아 버렸지."

"그럴 수가. 또 그런 창피한 일이!" 하단 굴라가 소리쳤습니다. "그래서 어떻게 다시 자유의 몸이 되셨나요?"

"그 얘기도 해야겠지. 그러나 그건 나중에 하고. 내 얘기 계속 들어보게. 우리가 지나가니까 저 농부들이 우릴 놀리더구만. 한 농부는 그의 다 떨어진 모자를 벗더니 고개를 숙여 절하며 말했어. '어서 오십시오. 폐하의 손님들이시여. 폐하께서는 저기 성벽 위에서 잔치를 열고 기다리십니다. 진흙 벽돌과 양파국으로요.' 그리고는 그들은 배꼽을 잡고 웃는 것이었어.

해적은 화를 불같이 내며 대놓고 그들에게 욕을 했어. '전하께서 우릴 성벽에서 기다리신다니, 저 사람들 말이 무슨 뜻이지요?' 내가 물었어.

'성벽까지 등골이 부숴지도록 벽돌을 날라야 되거든. 등골이 부숴지기 전에 먼저 맞아 죽기 십상이지. 나는 못 때려. 그런 놈은 죽여버릴테니까.

그러자 메 기도가 말했어. '부지런하고 일을 잘하는 노예를 때려죽이는 그런 주인이 있다니 말도 안 돼. 주인들은 착한 노예를

좋아하고 잘해 주네.'

'누가 열심히 일하고 싶어해?' 자바도가 나섰지.

'저 농부들이 똑똑한 거야. 등골이 부숴지게는 하지 않고 그냥 하는 대로 하는 거지.'

'꾀를 부리면 안 돼.' 메 기도가 반박을 했어.

'우리가 천 평을 갈면 그건 하루 치 일이고, 그건 어떤 주인도 알 걸. 그러나 오백 평밖에 못 갈면 그건 꾀를 부리는 거지. 나는 꾀는 안 부려. 나는 일하는 게 좋아. 열심히 일하는 게 좋아. 일은 내 가장 좋은 친구니까. 일은 내가 가진 모든 것을 다 가져다 준 장본이었지. 땅이며, 소, 수확 등.'

그래서, 그럼 그게 지금 다 어디 있나?' 자바도가 비웃었어.

'약게 일 안 하고 지내는 것이 얼마나 득이 되는데. 우리가 성벽으로 팔려 가면 일을 좋아하는 자네들은 뼈골이 빠지도록 벽돌을 나르겠지만, 나는 물통을 나른다든가 아니면 다른 쉬운 일을 할 테니 보게.' 그리고 그는 깔깔거리며 웃었어.

그날 밤 나는 겁에 질려서 한잠도 못 이루었지. 나는 잠시 밧줄 옆에서 웅크려 잤고 다른 사람들은 다 잠들었는데, 첫 보초를 서고 있던 고도소가 나를 보았어. 그는 아랍 산적 중의 한 사람으로 만약 돈을 뺏으면 목숨까지 뺏어야 한다고 생각하는 사람이지.

'고도소, 말해 주세요.' 나는 낮은 소리로 말했습니다.

'바빌론에 도착하면 성벽으로 팔려 가나요?'

'왜 알려고 하지?' 그가 조심스럽게 물었어.

'이해를 못 하시겠어요?' 나는 간청을 했지.

'난 젊어요. 살고 싶어요. 성벽에서 일하다 맞아 죽고 싶진 않아요. 제가 좋은 주인을 만날 그런 기회는 없나요?'

그는 속삭여서 대답했어.

'말해 줄 것이 있다. 넌 이 고도소에게 아무 속 썩인 일이 없는 착한 노예니까. 대부분 우리는 먼저 노예시장으로 간다. 잘 들어. 노예를 살 사람들이 오면 그들에게 일 잘한다고, 좋은 주인을 위해 열심히 일하고 싶다고 해. 그래서 너를 사게끔 해. 그렇지 않으면 그 다음날로 벽돌을 져야 해. 대단히 힘든 일이지?

그가 간 후 나는 따뜻한 모래 위에 누워 벽돌을 바라보며 그 일을 생각했지. 메 기도가 일을 제일 좋아하는 친구라고 하는데, 그 것이 내게도 좋은 친구가 될 수 있을지 의문이었어. 그러나 나를 여기서 벗어나게 해준다면 물론 그럴 수 있겠지.

메 기도가 잠에서 깨어났을 때, 나는 그에게 그 소식을 알렸어. 바빌론으로 행진해 가는 우리에게 그것은 한 줄기 희망의 빛이었지. 오후 늦게 성벽에 가까이 다가간 우리는 까만 개미 같은 사람들의 행렬이 가파른 대각선 길을 오르내리고 있는 것을 보았어.

더 가까이 가면서 수천 명이 일하고 있는 모습에 놀랐어. 어떤 사람들은 흙을 파고 또 어떤 사람들은 진흙으로 벽돌을 만들고. 그렇게 많은 사람이 큰 광주리에 벽돌을 지고 석수장이한테까지 그 가파른 길을 올라가고 있었지.

감독들은 느린 일군들을 욕하면서 행렬에 따라오지 못하는 사람들의 등을 소가죽으로 내리쳤어. 다 낡은 옷을 입은 불쌍한 사람들이 비틀비틀 무거운 짐을 진채 엎어지더니 다시 일어서지 못하는 거야. 채찍으로도 일으켜 세우지 못하면 길옆으로 치워 그대로 고통 속에 꿈틀거리게 놓아두었어. 곧 무덤으로 실려 갈 운명들이지.

나는 이 무서운 광경을 보고 치를 떨었어. 이것이 아버지의 아들인 내가 노예 시장에서 실패하면 기다리고 있는 일이었지.

*** 고대 바빌론의 유명한 업적, 성벽, 성전, 궁전 정원과 대운하 등은 주로 전쟁포로인 노예의 사역으로 이루어졌으며, 이는 그들이 받은 비인간적인 대우를 설명해 준다. 이 노역에는 범죄나 경제적 곤란 때문에 노예로 팔린 바빌론 시민이나 그 부근 지방 사람들까지도 많이 포함된다.

고도소의 말은 옳았지. 우리는 성문을 통해 노예 감방으로 옮겨졌다가 다음날 노예 시장을 향해 행진해 갔어. 여기서 모두들 공포 속에 웅크려 있고, 노예를 사는 사람들이 검토를 하도록 간수의 채찍만이 왔다갔다 했지. 메 기도와 나는 우리에게 말을 시키는 사람에게마다 열심히 얘기를 했어.

노예관리인은 궁전 파수병들을 데려오더니 반항하는 해적을 족쇄로 묶고 심하게 매를 때렸어. 그가 가는 모습을 보며 나는 매우 안됐다는 생각이 들더군.

메 기도는 우리도 곧 헤어져야 한다는 생각이 든 것 같았어. 노예를 사는 사람이 아무도 가까이 오지 않을 때는 귓속말로 가

치 있는 일이 미래에 내게 어떤 식으로 힘이 되어 줄 것인가를
얘기해 주었어.

'어떤 사람들은 일을 싫어하지. 원수로 알아. 일을 친구처럼 대
하는 것이 좋아. 자신이 그것을 좋아하도록. 어려운 건 걱정 마.
좋은 집을 지으려고 할 때 대들보의 무게는 어떤지, 또 반죽을 위
한 물을 길어 올 우물은 얼마나 먼 지, 이런 것들을 누가 생각해
야겠나? 약속하게 자네. 자네가 주인을 갖게 되거든 그를 위해
열심히 일 하게. 힘이 닿는 데까지. 그가 자네가 한 일을 다 알아
주지 않더라도 상관 말게. 꼭 기억하게. 잘한 일은 그 일을 한 사
람에게 잘하는 법이네. 더 나은 사람으로 만들어 주지.'

그때 건장한 농부 하나가 울타리로 다가와서 우리를 날카롭게
쳐다보았기 때문에 그는 여기서 말을 멈추었지.

메 기도는 그의 밭과 수확 상황을 묻고, 곧 자기가 쓸모있는 사
람이 될 수 있음을 확신시켰어. 노예관리인과 옥신각신 흥정이
끝나자 농부는 옷춤에서 두터운 지갑을 꺼냈고, 곧 메 기도는 새
주인을 따라가 버렸어.

오전에 팔린 사람은 몇 사람뿐이었어. 정오에 관리인이 화가

나서 또 하룻밤을 묵지 않고 해 질 무렵 나머지는 다 데리고 왕의 상인에게로 데리고 간다고 고도소는 몰래 알려 주었어. 나는 절망해 있는데 뚱뚱하고 마음이 좋아 보이는 사내 하나가 다가오더니 빵 기술자 하나 있냐고 물었어.

나는 다가가서 이렇게 말했지. '선생님같이 훌륭하신 빵 기술자가 왜 그보다 못한 기술자를 찾으십니까? 저같이 의욕이 있는 사람에게 선생님의 기술을 가르치시는 것이 더 낫지 않습니까? 저를 보십시오. 젊고 튼튼하며 일을 좋아합니다. 저에게 한 번 기회를 주십시오. 최선을 다해 선생님을 위해 돈을 벌어 드리겠습니다.'

그는 내 열의에 감동되어 관리인과 흥정을 시작했어. 관리인은 나를 산 뒤로 한 번도 보지 못했으면서도, 내가 힘이 세고 건강하고 성격도 좋다고 칭찬을 아끼지 않는 거야. 난 꼭 살 진 소가 도살장에 끌려가는 기분이었지.

마침내 정말 기쁘게도 흥정이 끝났어. 나는 내 주인을 따라나서며 나는 바빌론에서 가장 운이 좋은 사내라는 생각을 했지.

새집은 마음에 쏙 들었어. 새 주인 나나 네이드는 마당 한가운데 있는 절구에다 보리를 찧는 법이며, 화로에 불을 지피는 법이며, 꿀빵을 만들 때의 참깨가루를 곱게 빻는 법 등을 가르쳐 주었지. 나는 곡식 창고 안에 침대를 두고 거기서 지냈어. 늙은 가정부 노예인 스와스티는 내게 먹을 것을 잘 주고, 내가 어려운 일을 도와 주면 무척 기뻐했지.

주인에게 쓸모 있는 사람이 되고, 또 나아가 내 자유권을 손에 넣을 수 있도록 방법을 강구하기 좋은 기회였어.

나는 나나 네이드에게 빵 반죽과 굽는 법을 가르쳐 달라고 했네. 그는 내 열의를 무척 기뻐하며 가르쳐 주었지. 나중에 이것을 잘 할 수 있게 되자 곧 나는 꿀빵 만드는 법올 가르쳐 달라고 했고, 곧 나는 빵 만드는 전 과정을 다 습득했어. 주인은 만족해서 게을러졌지. 그러나 스와스티는 고개를 절레절레 저었어.

'일을 잃는 것은 누구에게나 나빠요.'

나는 이럴 때가 내가 자유권을 손에 넣을 수 있도록 돈을 벌 방법을 생각할 때라는 느낌이 들었어. 정오에 빵을 만드는 일이 끝났을 때, 만약 내가 오후에 또 이득이 돌아오는 일을 한다면, 나나 네이드는 그 수입을 내게도 조금 줄 것이라는 생각이었지. 그러자 이런 생각이 들더군. 꿀빵을 좀 더 만들어서 거리에 나가 배고픈 사람들을 상대로 팔면 어떨까?

나는 내 계획을 나나 네이드에게 이렇게 얘기했어.

'제가 만약 빵 만드는 작업이 끝나고 난 오후를 이용해서 주인님께 돈을 벌어 드린다면, 주인님께서는 저도 제 마음대로 제가 갖고 싶고 제게 필요한 것을 살 수 있도록 그 수입을 조금 나누어 주시면 안 되겠습니까?'

'좋지, 좋지.' 그는 승락을 했어. 내가 거리에 나가 우리 꿀빵을 팔겠다는 얘기를 하자 그는 매우 기뻐했어.

'그럼 우리 이렇게 하지.' 그는 이렇게 제의를 했어.

'네가 두 개를 한 닢을 받고 팔았다면, 그 한 닢 중 반은 밀가루와 꿀과 땔감에 쓰인 돈이니까 나를 주어야겠지. 나머지 중에서 반은 내가 갖고, 나머지 반을 네가 갖도록 하자.'

나는 그가 내 수입의 4분의 1을 내가 갖게 해주는 관대한 제의를 듣고 무척 기뻐했지. 그날 밤 늦게까지 빵을 진열할 쟁반을 만들었어. 나나 네이드는 좀 괜찮게 보이도록 자기가 입던 옷 한 벌을 내주었고, 스와스티가 꿰매고 빠는 일을 도와주었어.

다음날 나는 꿀빵을 여분으로 더 구워냈지. 쟁반 위에 담긴 갈색 빵은 아주 먹음직스러웠어. 그것을 들고 나는 소리치며 거리로 팔러 나갔지. 처음엔 아무도 보아주지 않더군. 나는 낙담했어. 그러기를 얼마 했을까. 저녁때쯤 되어 사람들이 배가 고프니까 빵이 팔리기 시작하고, 쟁반은 금방 동이 났어.

나나 네이드는 성공적인 내 판매수법을 아주 기뻐하며 기꺼이 내 몫을 지불했네. 나는 내 돈을 갖게 된 것을 뛸듯이 기뻐했지. 주인은 노예가 일을 잘하면 잘해 준다는 메 기도의 말이 맞았어.

그날 밤, 나는 그날의 일로 흥분해서 잠을 이루지 못하며, 일 년이면 얼마를 벌 수 있고, 그렇게 몇 년을 하면 자유의 몸이 될 수 있는가를 계산했네.

매일 빵 쟁반을 들고 나가자 곧 단골손님들이 생겼어. 그중 하나가 다름 아닌 자네 할아버지 아라드 굴라였지.

나귀에 융단을 잔뜩 싣고 흑인 노예 하나를 데리고 성 이 끝에서 저 끝까지 아낙네들을 상대로 융단을 파는 상인이었지. 그는 빵을 자기가 두 개 먹고 노예에게 두 개를 먹이며, 먹는 동안 나한테 이 얘기 저 얘기를 하며 시간을 보냈지.

어느 날, 자네 할아버지가 내게 한 이 말은 내 평생 잊지 못할 게야.

'이보게, 자네 빵이 마음에 들어. 하지만 자네가 자네 사업을 할 수 있다면 더욱 좋겠지. 그런 정신으로라야 성공의 문턱으로 들어서지.'

그러나 하단 굴라, 자넨 이해할 수 있을까 모르겠네. 그런 격려의 말이 큰 성 안에서 외롭게 굴욕을 참아가며, 거기서 벗어나기 위해 안간힘을 쓰는 노예 청년에게 얼마나 힘이 되었는지?

세월이 흐르면서 내 지갑에는 돈이 모이기 시작했네. 허리춤 아래 묵직하게 느껴지는 그 느낌은 여간 푸근한 것이 아니었어. 메 기도의 말처럼, 일은 역시 나의 가장 좋은 친구였어. 나는 기뻐했지만 스와스티는 걱정을 하더군.

'주인님이 너무 도박에 빠질까 봐 겁이 나요.'

어느 날, 나는 거리에서 친구 메 기도를 만나고 무척 기뻐했지. 그는 나귀 세 마리 위에 채소를 가득 싣고 시장으로 가고 있었어.

그는 '나는 아주 잘 되어 가고 있어.'라고 말하더군.

주인은 나에게 잘 대해 주셔. 일을 열심히 하니까 이젠 우두머리도 되고. 봐, 이젠 아예 장사를 다 내게 맡기시고, 우리 식구들도 불러 주시겠대. 일은 내 큰 상처를 치유하는 약이야. 언젠가는 내가 자유인이 되고 또다시 내 땅을 갖게까지 해줄 거야.

시간은 가고 나나 네이드는 점점 더 내가 물건을 팔고 돌아오기를 안타깝게 기다렸지. 내가 오면 얼른 돈을 세어서 나누어 갖느라 바빴지. 나보고 시장을 더 개척해서 판매량을 늘리라고 재촉도 했어.

가끔 성벽에서 일하는 노예들의 감독자들에게 팔아 보려고 성문 밖에도 나갔지. 그 처참한 모습을 두 번 다시 보기도 싫었지만, 감독관들은 좋은 고객이었거든.

어느 날, 자바도가 벽돌을 담으려고 줄을 서 있는 것을 보고 나는 놀랐지. 수척하고 꾸부정하게 섰는데, 등에는 채찍 자국과 상처 투성이었어. 나는 그가 불쌍해서 빵을 하나 건네주었지. 그랬더니 그는 굶주린 이리처럼 빵을 입에다 쑤셔 넣더군. 그의 탐욕스러운 눈을 보고 나는 쟁반을 뺏길까봐 얼른 그 자리를 도망쳤어.

'자넨 왜 그렇게 열심히 일하나?'

어느 날, 아라드 굴라가 내게 이렇게 묻더군. 자네가 오늘 네게 물은 것과 똑같은 질문이지. 안 그렇나? 나는 메 기도가 일에 대해 해준 얘기와, 또 실제 그것이 얼마나 좋은 내 친구로 증명이 되었는가도 얘기했어. 그리고 자랑스레 돈지갑을 내보이면서 자유권을 사려고 돈을 모으고 있다는 얘기를 했지.

'자유의 몸이 되면 무엇을 할 텐가?' 그가 물었어.

나는 그때는 상인이 될 거라고 대답했지. 그랬더니 그는 내가 생각지도 못한 한 가지 사실을 넌지시 알려 주는 거야. '자네, 나도 노예인 것을 몰랐지? 나는 지금 우리 주인과 동업 중이야.'

하단 굴라가 소리치면서 말했지. "그만, 우리 할아버지의 이름을 더럽히는 그런 말은 듣지 않겠어요. 그분은 노예가 아니었어요." 그의 눈은 분노로 이글거렸습니다.

사루 나다는 침착을 유지했습니다.

"나는 그분이 그런 불행을 딛고 다마스커스에서 존경받는 시민이 되신 것을 높이 평가하네. 그분의 손자인 자네도 그분의 핏줄이 아닌가? 자네는 사실을 사실대로 볼 줄 아는 용기 있는 사람인가? 아니면 거짓된 환상 속에 살고 싶어 하는 사람인가?"

하단 굴라는 안장 위에 몸을 꼿꼿이 세우고 앉았습니다. 그는 격정을 감출 수 없는 목소리로 말했습니다.

"우리 할아버지는 누구에게나 사랑받는 분이셨습니다. 그분이 하신 좋은 일은 이루 헤아릴 수 없습니다. 기근이 들었을 때, 그분은 자기 금을 팔아 이집트에서 곡식을 사서 자기 낙타 대상으로 다마스커스까지 운반해 와서 굶어 죽는 사람들에게 나누어 주지 않았습니까? 그런 그분이 바빌론에서 천대받던 한낱 노예였다는 말씀이신가요?"

"그대로 바빌론에서 노예로 있었다면 천대를 받았을지도 모르지. 그러나 그분은 자신의 노력으로 다마스커스에서 위대한 사람이 되었고, 그것은 신께서 그의 불행을 사하시고 사람들의 존경을 받도록 보상을 주신 거지."

사루 나다는 계속 말했습니다.

"노예라는 얘기를 내게 하고, 그분은 자기가 자유권을 사기 위해 얼마나 애썼는가를 얘기해 주었어. 이제는 그만한 돈이 모였는데, 어떻게 해야 할 것인지 몰라 고민이라더군. 물건도 잘 안 팔리고 주인의 협조가 없으면 어떨지 몰라서."

나는 그의 망설임을 반대했지. '더 이상 주인에게 매달리지 마세요. 다시 자유인이 되어 그 기분을 누리세요. 자유인으로 행동하고 성공하세요! 하고 싶은 일을 결정하세요. 그럼 일이 그것을 하도록 도와줄 거예요!'

그는 자기의 소심함을 일깨워 주어서 고맙다고 하면서 가던 길을 떠났어.***

*** 고대 바빌론의 노예 제도는 우리가 보기에는 매우 일정치 않은 것처럼 보여도 엄격한 어떤 법률에 의해 행해지고 있었다. 예를 들어 노예는 어떤 종류로도 자기 재산을 가질 수 있었으며, 자신의 주인이 권리를 주장하지 않는 다른 노예들까지 둘 수도 있었다. 노예들은 비노예와 자유롭게 혼인을 하기도 했다. 자유인 어머니의 아이들은 자유인이었다.

도시 상인들의 대부분은 노예들이었다. 이들은 대부분 주인과 동업 관계에 있으면서 나름대로 부자였다.

"어느 날, 다시 성문 밖에 나갔던 많은 사람들이 거기 모여 있는 것을 보고 놀랐지. 어떤 사람에게 왜 그러냐고 물어보니까 이렇게 대답하더군. '여태 못 들었어요? 궁전 호위병 한 사람을 죽이고 달아난 노예가 잡혔거든요. 그래서 오늘 여기서 처형당하는 날이에요. 폐하께서도 나오신다고 했어요.'

처형대 근처에는 사람들이 너무나 밀집해 있어서 빵 쟁반이 뒤집어질까 봐 가까이 가기가 겁이 났어. 그래서 아직 완성되지 않은 성벽 위에 올라가서 사람들 너머로 고개를 내밀었지. 다행히 금마차를 타고 오는 느부갓네살 왕의 모습이 아주 잘 보였어. 나는 그런 웅장함, 그렇게 좋은 옷, 그리고 번쩍거리는 금빛 천과 융단 등을 본 적이 없었어.

불쌍한 노예의 비명소리는 들을 수 있었지만, 처형 장면은 보이지 않았어. 나는 우리의 좋으신 폐하께서 저런 처참한 광경을 그대로 보고 견디실 수 있을까 싶었는데, 그를 보니까 그는 신하들과 웃고 껄껄거리고 있었어. 그제야 나는 왕이 잔인하고, 성벽을 짓는 일에 노예를 왜 저토록 비인간적으로 다루는가를 이해할 수 있었어.

노예가 죽은 후, 그의 시체는 장대에 밧줄로 다리를 묶어 높이 매달았어. 사람들이 흩어지기 시작하자 나는 가까이 가 보았어.

털이 난 가슴에 두 개의 뱀이 꼬인 형상의 문신이 보였어. 죽은 그는 '해적'이었어.

아라드 굴라를 다음에 만났을 때, 그는 사람이 달라져 있었어. 그는 생기가 넘쳤고, 나를 반겼지.

'봐, 자네가 알고 있던 노예는 이제 자유의 몸이네. 자네 말에는 마력이 있어. 벌써 내 장사는 잘되어 가고 있어. 아내도 무척 기뻐하고. 아내는 우리 주인님 조카로 자유인이었지. 아내는 내가 노예였던 것을 아무도 모를 다른 나라에 가서 살기를 간절히 원해. 그래야 우리 자식들이 애비의 불행을 모를 테니. 일은 나의 최고의 반려자야. 다시 자신을 얻고 장사 수완을 발휘하는 힘을 얻고 있어!'

나는 조금이라도 그가 내게 용기를 준 보답을 할 수 있었다는 것이 무척 기뻤지.

어느 날, 스와스티가 사색이 다 되어 가지고 내게 왔어. '주인님이 곤란에 처했어요. 걱정이에요. 몇 달 전에 도박에서 많이 잃었거든요. 밀과 꿀값을 주지 못하고 있고, 빌린 돈도 갚지 못하고 있어요. 채권자들이 화가 나서 주인님을 위협하고 있어요.'

'왜 우리가 그 일에 상관해요. 우리가 주인입니까?' 나는 생각 없이 이렇게 말했지.

'이 바보 같으니, 뭘 모르는구만요. 돈을 빌리면서 보증을 서는 데 자네 이름을 댔다구요. 자네를 팔 수 있는 권리를 주는 거라구요. 난 어떻게 해야 좋을지 모르겠어요. 좋은 주인이신데. 왜? 아니 왜 그분이 이런 처지를?'

스와스티의 걱정은 근거 없는 것이 아니었어. 다음날 빵을 굽고 있는데, 채권자가 사시라는 사람을 데리고 다시 왔어. 이 사람은 나를 훑어보더니 되겠다는 거야.

채권자는 주인이 돌아오기를 기다리지도 않고 스와스티 보고 나를 데려간다고 얘기해 달라는 거였어. 나는 옷 하나만 입은 채 몰래 허리춤에 감추어 둔 지갑만을 갖고 빵을 굽다 말고 급히 끌려갔지.

폭풍이 나무를 뿌리 채 뽑아 요란한 바다에 던져 버리듯, 내 절실한 희망도 다 사라져 버렸어. 주인의 도박과 술이 나를 다시 고난으로 몰아넣었지.

사시는 거칠고 무딘 사람이었어. 그를 따라 성을 지나면서, 나는 내가 나나 네이드에게 잘해 준 일을 얘기하고, 그에게도 그렇게 잘해 줄 수 있기를 바란다고 했지. 그런데 그의 대답은 그게 아니었어.

'난 이 일은 좋아하지 않아. 우리 주인도 아니고. 왕은 나보고 가서 대운하 공사를 하도록 주인께 명령을 내리셨대. 주인은 사시더러 노예를 더 사서 열심히 일해서 빨리 끝내라는 거야. 휴우, 그런 큰일을 어떻게 빨리 끝낸담?'

나무 한 그루 없이 낮은 잡목뿐이고, 물통의 물은 뜨거운 햇빛에 절절 끓어 마실 수조차 없는 그런 상태를 생각해 보게. 거기서 아침부터 밤까지 줄을 지어 무거운 흙짐을 지고, 먼지 나는 길을 올라가는 사람들을 한번 상상해 보게. 음식도 통에다 주어 우린 꼭 돼지같이 먹어야 했어. 천막도 잠자리 짚도 없고. 그게 바로 내가 처한 상황이었지. 나는 지갑을 묻고 표시를 해두며, 내가 다시 이것을 파 볼 수 있을까 염려스러웠어.

처음엔 힘차게 일을 했지. 그러나 몇 달이 가니까 기운이 빠지기 시작했어. 게다가 높은 열이 올라 지친 육체를 괴롭혔지. 나는 식욕도 잃고 고기나 채소조차 먹을 수가 없었어. 밤에는 잠을 이루지 못하고 뒤척거렸지.

절망 속에 나는 자바도처럼 일을 안 하려고 소리지르고 피해 다니는 것이 잘하는 짓이 아닐까 하는 생각을 했어. 그러다가 그의 마지막 모습을 떠올리고는 그것도 잘한 것이 아님을 알았지.

나는 '해적'의 거칠음을 생각하고 그처럼 차라리 싸우다 죽는 편이 낫지 않은가 하는 생각도 했지. 피 흘리던 모습이 떠오르면서 그것도 쓸모없는 것이란 생각이 들었어.

그리곤 마지막으로 메 기도의 모습이 떠올랐지. 힘든 일을 해서 그의 손은 갈라져 있었지만, 그의 마음은 가볍고 얼굴엔 행복이 넘쳤어. 그의 것이 최고였어.

그런데 나도 일하기는 메 기도나 마찬가지였어. 그가 나보다 더 열심히 일할 리는 없었어. 그런데 왜 내 일은 내게 행복과 성공을 가져다주지 못할까? 메 기도에게 행복을 안겨 준 것은 일이었을까, 아니면 행복과 성공은 단지 하나님의 무릎 위에만 있는 것일까?

나는 남은 평생을 이렇게 아무런 희망없이 행복과 성공도 가져 보지 못한 채 일만 해야 하는 것인가? 이런 의문이 가슴속을

어지럽게 휩쓸고 지나갔고 해답은 전혀 없었어. 정말이지 괴롭더군.

며칠 후, 이제는 도저히 더 이상 참을 수 없을 것 같고, 질문에 해답도 없는 듯 여겨지던 그때 사시가 나를 부르러 왔어. 주인한테서 바빌론으로 나를 데려오라는 전갈이 왔다는 거야. 나는 내 소중한 지갑을 파서 다 떨어진 넝마를 뒤집어쓴 채 심부름꾼의 뒤에 타고 길을 떠났어.

가면서 이 생각 저 생각이 열 오른 머리 속을 마구 휩쓸고 지나가더군. 고향 하로훈에서 부르던 노래 생각도 나고.

회오리가 몰아치고

폭풍우가 그를 몰아칠 때

그의 앞길은 누구도 모르고

그의 운명은 누구도 점치지 못하네.

나는 이유도 모르면서 계속 이렇게 벌을 받아야 할 운명인가? 어떤 또 새로운 절망과 공포가 나를 기다리고 있나?

주인집 마당에 들어섰을 때, 아라드 굴라가 나를 기다리고 있는 것을 본 그때의 놀라움이란? 그는 나를 부추켜 내리는 것을 도와주며, 잃었던 형제를 찾은 것처럼 나를 부둥켜 안았다네.

나는 당연히 노예가 주인을 따라가듯 그를 따라가야겠지만, 그는 그것을 허락하지 않았어. 그는 팔을 두르고 이렇게 말했어. '자넬 찾아 안 다닌 데가 없네. 이젠 틀렸다 싶어 포기하려고 하는데 스와스티를 만나 채권자 얘기를 들려주었고, 그 채권자를 찾아갔더니 자네 주인에게로 안내해 주더군. 아주 어려운 흥정이었어. 비싼 값을 주어야 했지. 그래도 자넨 그만한 가치가 있어. 자네의 철학과 꿈이 지금의 나를 이렇게 성공하게 만들었거든.'

'제 것이 아니고 메 기도의 철학입니다.'

'메 기도의 것이면서 자네 것이야. 자네들 두 사람에게 감사하네. 다마스커스로 가세. 거기 가서 같이 동업을 하세. 자, 보게. 지금 이 순간에 자네는 자유인이 되는 것이네!'

그리고는 옷자락 안에서 내 노예증명서인 글자판을 꺼내 들었어. 그것을 머리 위로 높이 쳐들더니 바위에다가 내팽개쳐서 박살을 내더군. 그리고는 신이 나서 그 조각들을 밟아 가루로 만들었지.

내 눈에서는 감사의 눈물이 흘렀지. 나는 내가 바빌론에서 가장 운이 좋은 사나이임을 알았어.

자네도 보다시피 이렇게 내가 가장 어려울 때, 일은 나의 가장 좋은 친구로 증명이 되지 않았나? 일에 대한 의욕이 성벽 공사에 나가는 노예 무리에게서 모면하게 해주었고, 또 그것이 자네 할아버지를 감동시켜 나를 동업자로 삼게 하셨지."

하단 굴라가 이렇게 물었습니다.

"일이 황금을 갖게 한 할아버지의 비밀 열쇠였나요?"

사루 나다가 대답했습니다.

"내가 그분을 처음 만났을 때 그분이 갖고 계시던 유일한 열쇠였지. 자네 할아버지는 일을 즐기셨어. 신들께서는 그 노력을 높이 평가해서 후하게 보상을 해주셨지."

하단 굴라는 생각하는 표정으로 말했습니다.

"이제야 알겠군요. 일은 할아버지의 근면성을 존경하는 많은 친구들을 할아버지께 가져다 주고, 성공까지 가져다 주었군요. 다마스커스에서 즐기던 명예도 일이 가져다 준 거군요. 일은 제가 바라는 모든 것을 할아버지께 다 가져다 준 셈이로군요. 저는 일은 노예나 하는 것인 줄 생각했어요."

"인생에는 우리가 즐길 많은 즐거움들로 넘치지. 모든 것이 제 자리를 갖고 있고, 나는 일이 노예만 하는 것이 아니어서 기쁘네. 만약 그렇다면 내 가장 큰 기쁨은 누리지 못할 것이 아닌가? 많은 즐거운 것들이 있지. 그러나 일만은 못하지."

사루 나다와 하단 굴라는 바빌론의 육중한 청동 성문 위로 높이 솟은 성벽의 그림자 밑을 달렸습니다. 그들이 다가가자 문지기가 정신을 차리며 귀한 손님임을 알아보고 경례를 붙였습니다. 사루 나다는 고개를 높이 들고 긴 대상을 앞장서 열린 문으로 거리 위로 올라갔습니다.

하단 굴라는 이렇게 솔직이 털어 놓았습니다.

"전 늘 할아버지와 같은 사람이 되고 싶었어요. 전 지금까지 그분이 어떤 분이신지 몰랐어요. 그런데 이제야 가르쳐주셨어요. 이제 알고 나니까 할아버지가 더욱더 존경스럽고, 더욱 할아버지같이 되고 싶어요. 할아버지의 성공의 열쇠를 주신 고마움을 이루 다 헤아릴 수가 없습니다. 오늘부터 할아버지의 열쇠를 사용하겠어요. 저도 보석이니 좋은 옷이니 다 버리고 제 신분에 맞게 검소하게 할아버지처럼 시작하겠어요."

그러면서 하단 굴라는 귀에서 싸구려 보석을 떼 내고, 손가락에 끼었던 반지도 뺐습니다. 그리고는 낙타 대상 지도자의 뒤에서 말을 달리며 할아버지에게 깊은 존경심을 느꼈습니다.

part. 11

바빌론에 관한 역사적 스케치

역사상 바빌론보다 더 화려한 도시도 없었습니다. 그 이름
은 곧 부(富)와 영광의 상징입니다. 금과 은으로 이루어
지는 그의 보물은 가히 전설적입니다. 이런 부유한 도시라고 하
면 우리는 자연히 숲과 광물 등 천연자원이 풍부한 곳에 위치한
것으로 알기 쉽습니다.

그러나 사실은 그렇지 않습니다. 바빌론은 유프라테스강 옆
평탄한 황무지 계곡에 위치해 있습니다. 숲도 광물도, 아니 건
물용 돌도 변변히 없습니다. 그렇다고 천연 무역로에 위치해 있

는 것도 아닙니다. 작물 수확에 충분할 정도로 비가 많이 내리는 곳도 아닙니다.

바빌론은 주어진 조건 하에서 최대한의 자원을 이용해 목적을 이룬 인간 능력의 표본입니다. 이 대도시를 뒷받침한 모든 자원은 인간이 만든 것입니다. 이 성의 전체 부가 다 인공적인 것입니다.

바빌론에는 단 두 가지 천연자원만이 있었습니다. 비옥한 토지와 강물이 그것입니다.

역사상 한두 번 있을까 말까 한 뛰어난 기술을 가졌던 바빌로니아 기술자들은 댐과 커다란 관개용 운하를 이용해 강물을 끌어들이는 데 성공했습니다. 이 황량한 계곡을 가로질러 생명수를 옥토로 끌어들이는 운하들이 파져 있습니다. 이것은 역사상 최초의 건축 기술로 인정받고 있습니다. 그곳의 풍성한 수확은 예전 어느 시대에도 없었던 이 관개시설의 보상입니다.

다행히 바빌론은 오래 존속되면서도 정복과 침략이 거의 없는 성공적인 왕의 계열에 의해 다스려졌습니다. 많은 전쟁에 참여했지만, 이것도 대부분 바빌론의 전설적인 보물을 탐내서 침략

해 들어온 욕심 많은 정복자들을 상대로 한 소규모적 혹은 방어적 싸움이었습니다.

바빌론의 빛나는 지배자들은 지혜와 의리와 정의감 때문에 역사 속에 살아 있습니다. 바빌론은 세상의 정복을 위해 전 국가가 모두 한 나라의 이기심을 대항해 전쟁을 치르게 하는 그런 바보 같은 군주는 낳지 않았습니다.

한 나라로서 바빌론은 이제 더 이상 존재하지 않습니다. 수천 년 동안 이 도시를 유지하고 이룩해 온 정력적인 인간의 힘이 제거되자, 그것은 곧 황량한 폐허의 성이 되고 말았습니다.

바빌론은 아시아의 페르시아 만 바로 북쪽 수에즈 운하 동쪽 6백 마일 부근에 위치해 있습니다. 북위 30도 정도로 아리조나 주 유마 정도의 위도입니다. 기후는 미국의 기후와 비슷하게 덥고 건조합니다.

한때 번창하는 관개 농업 지역이었던 이 유프라테스 계곡은 지금은 다시 바람이 황량한 폐허가 되어 있습니다. 몇 포기의 풀과 사막 덤불들만이 바람에 날리는 모래에 대항해 생존을 위한 투쟁을 하고 있습니다.

비옥한 토지, 거대한 성, 값진 물건을 실은 긴 낙타 대상들은 오간 데 없습니다. 가축 떼들을 몰며 살아가는 아랍 유목민들이 겨우 주인일 뿐입니다. 서기 초부터는 계속 그래 왔습니다.

이 계곡 군데군데에는 동산이 있습니다. 수 세기를 여행자들은 그곳을 별것이 아닌 것으로 알았습니다. 그러나 깨진 토기와 벽돌이 심한 폭풍우 때면 쓸려 내려오는 것 때문에 고고학자들의 관심을 끌기 시작했습니다. 유럽 및 미국 박물협회의 후원으로 원정대가 이곳에 보내졌습니다.

원정대에 의해 곧 이 동산들이 고대 도시였음이 밝혀졌습니다. 말하자면 도시 묘혈이라고 할 수 있을 것입니다.

바빌론도 그 중의 하나입니다. 거의 20세기 동안을 그곳에는 바람이 사막의 모래를 흩뿌렸습니다. 원래 벽돌로 지은 바깥 벽들은 다 붕괴되고, 다시 흙으로 돌아갔습니다.

부유한 도시 바빌론은 오늘날 이런 모습입니다. 그렇게 오랫동안 버려졌던 흙더미에서 세월의 껍질을 벗겨 마침내 거리와 무너진 거대한 성전과 궁전의 남은 유적들을 찾아냈던 것입니다.

많은 과학자들은 바빌론과 그 밖의 계곡에 있는 다른 도시들의 문명을 기록이 남은 가장 오래된 것으로 보고 있습니다. 확실한 연대는 8천 년 전까지 거슬러 올라갑니다.

이와 관련된 재미있는 사실은 이 연대를 결정하는 데 쓰인 도구입니다. 바빌론의 폐허에 묻혀 있던 것으로 일식에 대한 기록이 있었습니다. 현대 천문학자들은 바빌론에서 볼 수 있었던 일식이 일어났던 연대를 컴퓨터로 쉽게 뽑아냈고, 그것으로 당시의 달력과 지금의 달력 사이의 관계를 알 수 있었던 것입니다.

이런 식으로 우리는 8천 년 전 바빌론에 거주했던 수메르인이 이 성벽 안에 살고 있었음을 증명해냈습니다.

이 도시가 그 이전 어느 때부터 있었는지는 추측이 가능할 뿐입니다. 이들 주민들은 보호벽 안에서 사는 단순한 야만인들이 아니었습니다. 교육을 받았으며, 의식이 깨인 사람들이었습니다. 역사의 기록이 지니는 한도 내에서는 최초의 기술자, 최초의 천문학자, 최초의 수학자, 최초의 재정가, 그리고 문자를 가지고 있던 최초의 민족이었습니다.

황무지 계곡을 농업의 천국으로 바꾸어 놓은 관개 시설에 대해서는 이미 언급한 바 있습니다. 이 운하들의 흔적이 비록 모래가

쌓이기는 했지만, 아직도 남아 있습니다. 그들 중에는 물을 비우면 열두 필의 말이 나란히 바닥을 달릴 수 있는 정도의 크기인 것들도 있습니다. 크기로 비하면 콜로라도와 유타주의 제일 큰 운하와 비슷합니다.

계곡의 관개 외에도 바빌로니아 기술자들은 또 하나 비슷한 규모의 공사를 마쳤습니다. 정교한 배수 시설을 통해 그들은 유프라테스와 티그리스 강 입구의 거대한 습지 지역을 완전히 경작지로 바꾸어 놓았습니다.

희랍의 여행가요 역사가인 헤로도투스는 바빌론의 최전성기에 이곳을 방문하고, 이방인으로서 본 사실들을 제공해 주고 있습니다. 그의 글에는 도시의 구조며 특이한 관습 등이 기록되어 있습니다. 그는 토지의 뛰어난 비옥함과 그들이 수확해 내는 밀과 보리의 풍성함 등에 대해 언급하고 있습니다.

바빌론의 영광은 사라졌지만, 그 지혜는 아직도 우리에게 남아 있습니다. 이에 대해서는 기록의 형태가 남아 있어 다행입니다. 그 먼 옛날, 종이의 사용은 아직 발명되지 않았을 때입니다. 대신 그들은 젖은 진흙판 위에 열심히 글을 새겼습니다. 이것이 끝나면 이것을 구워 딱딱한 판이 되게 했습니다. 크기는 가로 세로가 6.8인치이고, 두께는 1인치 정도입니다.

그들이 흔히 점토판이라 부르는 이것은 현대의 필기 방식과 흡사하게 쓰였습니다. 그 위에다 전설, 시(詩), 역사, 궁중가록, 율법, 약속어음, 증서, 심지어 다른 나라들에 보낸 전문 내용 등등을 기록했습니다.

이 점토판을 통해 우리는 당시 사람들의 아주 구체적이고도 개인적인 일들을 엿볼수 있는 기회를 갖게 됩니다. 예를 들어 분명히 어느 시골 상점 주인의 것으로 보이는 한 점토판에는 어느 날 어떤 이름의 손님이 소를 한 마리 가져와 그것을 밀 포대 일곱과 바꾸었는데, 그중 셋은 그때 가져가고 나머지는 손님 마음대로 가져가게 두기로 했다는 기록이 있습니다.

무너진 성 안 깊은 곳에 안전히 묻혀 있던 많은 이 글자판들을 고고학자들은 고스란히 건져냈습니다.

바빌론의 돋보이는 업적 중의 하나가 성을 둘러싼 거대한 성벽입니다. 고대인들은 이것을 이집트의 대피라미드와 더불어 '세계 7대 기적' 중의 하나로 꼽았습니다.

첫 성은 초창기 세미라미스 여왕이 세웠습니다. 현대 굴착자들은 원래 성벽의 어떤 흔적도 찾아내지 못했습니다. 정확한 높이도 알 수 없습니다. 초기 기록자들의 말을 토대로 하면 50 내지 60피트 높이에 바깥은 구운 벽돌로 대고 그 밖을 다시 깊은 도랑으로 보호한 것이라 추측할 수 있습니다.

그 후 더 유명한 성벽은 기원전 600년경에 나보폴라사 왕에 의해 시작되었습니다. 거대한 규모로 시작한 공사를 그는 다 완성하지 못하고 눈을 감았습니다. 이것을 성경 역사에서 낯익은 이름의 그의 아들 느부갓네살이 이어받았습니다.

이 성벽의 높이와 길이도 불확실합니다. 믿을 수 있는 자료에 의하면 높이가 약 160피트 정도로, 현대의 15층 빌딩 정도의 높이에 해당할 것으로 알려져 있습니다. 성벽의 길이는 9~11마일 사이입니다. 꼭대기는 육두마차를 끌 수 있을 정도로 넓습니다. 이 거대한 건물이 지금은 기초 공사와 외호(外濠; 성의 바깥 둘레에 판 못) 외에는 조금도 남아 있지 않았습니다. 그리고 아랍족들은 다른 곳의 건축 목적으로 벽돌을 빼감으로써 이 성벽은 완전히 파괴되었습니다.

바빌론 성벽을 향해 당시의 막강하다는 군대란 군대는 모두 행군해 왔었습니다. 수많은 왕들이 바빌론을 포위했지만 매번 허사였습니다. 당시의 침공은 가볍게 여길 것이 아니었습니다. 역사가들은 말 10,000마리, 마차 25,000대, 보병 한개 연대에 1,000명 씩 1,200연대의 규모였다고 말합니다. 이러한 군사력과 군비를 준비하기 위해서는 이삼 년이 족히 걸렸습니다.

바빌론 시의 내부 구조는 현대 도시와 비슷합니다. 거리와 상가들이 있었습니다. 주택가를 도부 상인들이 물건을 들고 찾아다녔습니다. 제사장들은 거대한 성전에서 집무를 보았습니다. 성안에는 다시 궁전용 울타리가 둘러쳐져 있었습니다. 성벽은 성을 둘러싼 바깥 성벽보다 조금 더 높았다고 합니다.

바빌론 사람들은 예술에 뛰어난 솜씨를 발휘했습니다. 조각, 건축, 직조, 금세공, 무기 및 농업 용구 제작 등입니다. 보석 세공인들은 기막힌 보석들을 만들어냈습니다.

부자들의 무덤 안에서는 이런 것들이 발굴되어 지금 세계 유명한 박물관에 진열되어 있습니다.

초창기 온 세계가 다 돌도끼로 나무를 찍고 부싯돌 끝이 달린 창과 화살로 싸우고 사냥하던 그 시절, 바빌로니아인들은 도끼와 금속 끝이 달린 창과 화살을 사용했습니다.

바빌로니아인들은 뛰어난 상술가요 재정가였습니다. 우리가 아는 한, 교환 수단으로 돈을 처음 발명해내고, 약속증서와 소유권 증명서를 쓴 것도 그들이 처음입니다.

바빌론은 그리스도 탄생 전 약 540년 전까지는 적군이 절대 침공을 못했습니다. 성벽만 포위된 적도 없었습니다.

그런 바빌론의 몰락은 기가 막힌 얘기입니다. 당시의 대 정복자 중의 하나였던 사이러스가 이 성을 공격하고 '요지부동'이라는 이 성벽을 장악하고자 하는 희망을 가졌습니다.

바빌론의 왕 나보니투스의 자문관들은 성이 포위될 것을 기다릴 것이 아니라, 나가서 사이러스를 맞아 싸우도록 왕을 설득했습니다. 바빌론 군대가 계속 패배하자 왕은 도망가 버렸습니다. 그 사이에 사이러스는 열린 성문을 쳐들어와 아무 저항도 하지 않는 바빌론 성을 점령했습니다.

따라서 수백 년 동안에 성의 힘과 명성은 점차 줄어들다가, 마침내 완전히 버림받아 바람과 비에 풍화되고 마모되어, 찬란한 영광이 시작되었던 맨 처음의 그 사막 땅으로 다시 돌아갔습니다.

바빌론은 몰락했고 다시 일어서지 못했지만, 그 문명의 공헌은 매우 큽니다. 수천 년의 세월은 성전의 자랑스러운 벽돌을 가루로 만들었지만, 바빌론의 지혜는 영구히 남아 있습니다.

저자에 대해

조지 사무엘 클라손은 1874년 11월 7일 미주리주 루이지애나에서 태어났습니다. 그는 네브라스카 대학을 나오고, 스페인, 미국 전쟁 중 미 육군으로 활약했습니다.

긴 출판계의 생애를 시작하며 콜로라도 덴버에 클라손 지도 회사를 차리고, 첫 번째 미국과 캐나다의 도로 지도를 펴냈습니다.

1926년에는 고대 바빌론의 우화를 이용해 절약과 경제적 성공에 대한 유명한 일련의 팜플릿을 찍어냈습니다.

은행과 보험회사, 고용주들에게 대량으로 나누어 주어 수백 만에게 친숙해진 이것이 바로 그 유명한 「바빌론의 가장 부자 사나이」라는 우화이고, 현 책의 제목도 거기서 따온 것입니다. 이 '바빌론 우화들'은 현대의 감동적인 고전이 되고 있습니다.

바빌론 부자들의
돈 버는 비법

초판1쇄   2021년 11월 15일

지은이   조지 S. 클라손
디자인   최주호
펴낸이   이규종
펴낸곳   예감
등록번호   제2020-000033호(1985.10.29.)
등록된곳   경기도 고양시 덕양구 호국로 627번길 145-15
전   화   (02) 323-4060, 6401-7004
팩   스   (02) 323-6416
이 메 일   elman1985@hanmail.net
          www.elman.kr

ISBN   979-11-89083-77-9 03320

값 13,000 원